강준만의 투쟁

강준만의 투쟁

— 윤춘호 지음

진보반동의
시대에 맞서다

개마고원

강준만을 주목하는 이유

1

'달라진 강준만'을 살펴보는 것으로 '달라진 한국의 진보'를 생각하는 것이 이 책을 쓰는 첫번째 목적이다. 지금의 진보의 모습, 더 나아가 한국 사회가 과연 바람직한 모습인가라는 질문 앞에서 망설임 없이 '그렇다'라고 답할 수 있는 사람이 얼마나 될까. 지금의 한국 진보는 30년 전 강준만이 대변하려던 그 진보는 아니다. 강준만 역시 '실명 비판'이라는 칼 한 자루로 우리 사회의 '성역과 금기'에 도전하던 그 때에 비하면 많이 달라졌다.

'진보 논객의 대부' 강준만이 진보 진영 안에서 차지하던 영지는 시간이 갈수록 쪼그라들었다. 이제는 칼 한 자루 꽂을 땅도 없는 것처럼 보인다. 이름 석 자만큼은 우뚝했던 사람인데 그 이름에 먼지가 내려앉더니 존재감조차 점차 희미해지고 있다. 강준만이 서 있는 곳이 진보가 아니고, 강준만이 말하는 것이 진보가 아니라면, 그것은 강준만의 변화에도 이유가 있겠지만 진보의 좌표가 변하고 진보의 영역이 줄어들었기 때문 아닐까.

'1987년 체제'가 들어선 이후 진보 진영은 세 번 집권했다. 두 번은 기적 같은 신승이었고 한 번은 보수의 자멸 덕분이었다. 진보의 집권은 '반공을 국시'로 하던 대한민국에서 상상하기 힘든 일이었고 그 자체로 대한민국의 성취라고 할 수 있다. 그렇지만 권력을 잡고 권력을 행사하는 과정에서 진보의 민낯이 드러난 것도 부인하기 어렵다.

돌이켜보면 진보 진영이 정점에 이른 것은 2002년 노무현 집권이었다. 극적으로 진보 정권 재창출에 성공했고, 그 승리의 주인공이 지역주의 타파와 우리 사회 약자들을 위해 기꺼이 소수파의 길을 마다하지 않은 '바보 노무현'이라는 점에서 더욱 극적이었다. 한국 진보 세력이 정점에 이르렀을 때 강준만 역시 그 대열에 함께하고 있었다. 그 때까지 진보는 희생과 헌신이라는 말과 동의어였고 오로지 자부심만으로 말할 수 있는 단어였다.

그 이후 진보 진영 엘리트들은 권력집단으로 변해갔다. 야당일 때도 의회 권력에서 보수 세력에 그리 밀리지 않았고 행정부 권력, 의회 권력, 지방 권력을 동시에 장악한 적도 있다. 친노, 친문, 친명, 586세대 등으로 다양하게 불렸고 조금씩 성격이 달라졌지만, 그 세력이 노무현 참여정부 이후 보인 모습은 희생과 헌신이라고 하기는 어렵다. 그보다는 과거의 헌신과 희생에 대한 보상을 받는 과정이었고 그런 보상을 받아 마땅한 사람들이기도 했다. 지난 20여 년 동안 진보 엘리트들이 한국 사회 계급구조의 상층에 자리 잡은 것을 보면 보상을 받는 기간이었다는 평가가 크게 그르지는 않을 것이다.

계급구조의 사다리를 오르는 동안 그들이 새로운 비전과 대안을 제시하며 진보 영역을 확장한 것은 아니었다. 남북 문제와 사회적 약자에 대한 배려에서 일정한 성과를 보였지만 권력에 취해 부패로부터 자유롭지 못한 이들이 적지 않았고, 부동산 정책에서 보듯 그리 유능하지도 못했다. 우리 사회가 직면하고 있는 경제적 불평등, 젠더 갈등, 세대 갈등, 지역 갈등, 인구와 출생률 문제, 환경 이슈 등에서 진보의 비전과 해법을 보여주었다고 하기도 어렵다.

어느 사이 진보는 권력게임에 능한 정치집단을 말하는 것으로 그 의미가 줄어들면서 '진보'라는 말이 내포하던 다양하고 풍성한 가치 가 '권력'이라는 단조로운 말로 대체되었다. 진보 담론은 권력 담론으 로 왜소화됐고, 은연중 '진보=민주당'이라는 공식이 공고화되었다. 민주 대 반민주 구도에서 진보 엘리트들은 권력 쟁취를 지고지선의 목표이자 대중들을 위한 자신들의 의무로 받아들였다. 그것이 그들 이 가장 잘 할 수 있는 일이기도 했다.

이념과 가치로 뭉쳤던 진보 엘리트그룹은 이제 권력을 중심으로 뭉친 이익집단으로 보인다. 그러니 이들에게 가장 중요한 일은 선거 승리이고 이를 위해서는 못할 일이 없었고 부끄러울 것도 없었다. 연 동형 비례대표제와 관련해 국민과의 약속을 뒤집는 것도, 두번씩이 나 비례 위성 정당이라는 허수아비 정당을 만드는 것도 선거 승리라 는 말 한마디로 정당화되었다.

1970년대와 1980년대를 온 몸으로 건너온 사람들에게 진보는 선, 보수는 악이라는 것은 논리 이전에 '몸'이 먼저 기억하고 '몸'이 증언 하는 일이다. 그들에게 지금 우리 공동체의 민주주의는 군사독재에 이어 검찰독재라는 광풍 앞에서 위태롭게 흔들리는 촛불 같은 것이 다. 이런 현실 인식과 이분법적 습속에 젖어 있기에 정의를 자신들이 독점한 듯 굴 수 있고 같은 일을 해도 내 편이 하면 로맨스, 남이 하면 불륜이라고 우길 수 있고, 언제나 핍박 받는 소수로 자처할 수 있는 것이다.

입으로는 소통과 공존을 다짐하고, 그 필요성도 모르지 않지만 상대방을 공존의 대상보다는 척결하지 않으면 안 되는 적으로 볼 때가 훨씬 많다. 지난 20여 년을 지나오면서 적어도 우리 사회의 화해와 소통의 문제에서 진보가 보수보다 앞선 자세를 보여줄 것이라는 기대는 여지없이 무너졌다. 오히려 상대방에 대한 혐오와 증오를 부추기고 조롱하는 일이 훨씬 잦았다. 혐오는 혐오를 낳았고 증오는 더 큰 증오로 돌아왔다. 그런 대결적 행태가 낳은 극단적인 사건이 백주 대낮에 벌어진 정치인에 대한 테러 사건이다.

그런 맥락에서 노무현 참여정부 이후 20여 년을 '진보 반동의 시대'라고 부를 수 있지 않을까. 권력 만능주의와 정서적 급진주의에 빠져 갈등과 대결을 부추기는 방식으로 권력을 잡으려 했던 진보 퇴행의 시대, 집권기 동안 진보다운 의제 설정이나 문제 해법을 보여주지 못하고 오히려 자신들을 지지하는 사람들의 삶을 더 어렵게 만든 진보 무능의 시대, 조국 사태와 박원순 사건에서 단적으로 드러난 것처럼 자신들에게 적용하는 잣대와 다른 사람들에게 적용하는 잣대가 다른 진보 위선의 시대. 이 모든 것을 묶어 '진보 반동'이라고 부른다고 강준만이 달리 이의를 제기하지는 않을 것이다.

강준만은 '진보 반동의 시대'에 이 길이 진보의 길이 아니라고, 진보 당신들이 가는 길이 바른 방향이 아니라고 일관되게 말해왔다. 보수 세력이 더 우둔하고 더 퇴행적이고 더 몰가치적이라고 해서 진보가 저절로 더 나아지는 것도 아니라고 했다. 선거에서 이기는 것으로 모든 것이 정당화되는 것도 아니다. 윤석열 정권 등장이 진보에 대한 보수의 우위를 증명하는 것이 아니었던 것처럼 지난 22대 총선에서 진보 세력이 승리했다고 해서 진보 반동의 정당성이 확인되는 것은 아니다. 오히려 노동과 환경의 가치를 말하던 녹색정의당이 20년 만에 원외 정당으로 몰락하고, 더 많은 한을 가지고 더 강한 복수를 말하는 정당이 진보의 한 블록을 확보하면서 원내 제3당의 위치를 차지한 현실이야말로 '진보 반동'의 실상을 보여주는 것 아닐까.

이제는 전설로 기억되는 『인물과 사상』이 막을 내린 2005년 이후의 '후기 강준만'과 '진보 반동의 시대'는 겹치고 병행한다. 강준만은 그 '진보 반동의 시대'에 진보의 위선과 퇴행, 허위의식과 무능을 끊임없이 고발해왔다. 그늘에 숨지 않고 얼굴을 드러내고 자기 이름 석 자 명토 박아서 고발장을 썼다. 그 덕에 '배신과 변절'이라는 말이 꼬리표처럼 따라다닌다. 지금 받고 있는 홀대와 푸대접은 강준만이 '내부고발자'라는 증거인 셈이다.

강준만은 진보 진영의 문제를 주로 지적해왔다. 진보에 뿌리를 둔 '진보 전문가'로서 그것이 자신의 소명이라고 생각했기 때문이다. 진보 진영이 세번째 집권한 문재인 정권 시기는 강준만 입장에서는 '진보 반동'이 한층 극심해진, 더는 진보라는 이름조차 붙일 수 없는 가짜 진보의 시대다. 그 시대에 내부고발자 역할은 한층 더 격렬한 형태로 진행되었고 강준만을 바라보는 진보의 눈길 역시 그에 비례해서 더욱 차가워졌다. 진보는 강준만을 외면하고 무시하려는 반면, 보수는 진보를 공격하는 일회용 소재로 이용하려 할 뿐이다. 거의 검토되거나 논의된 바 없는 '내부고발자' 강준만의 모습을 살펴보려는 것도 이 책의 목적 가운데 하나다.

2

강준만은 '소통 전도사'다. 대략 2005년을 기점으로 '독설의 전사'에서 '소통 전도사'로 변신했다. 10:0의 승자독식이 아닌, 서로를 인정하고 공존하는 51:49의 지혜를 나누자고 말해왔다. 누구보다 독한 언어로 남을 공격하고 공격을 받기도 했던 사람인데 진영 간소통을 위해 자신의 당파성까지 포기한다고 선언했으니 강준만의 호소를 귀 기울여 들을 만도 하건만 '소통 전도사' 모습은 대중들에게 스며들지 못했다. 오히려 소통을 말할수록 그의 존재감은 줄어들었다. '소통'을 말하기 위해 '진보 싸가지론'을 들고 나오기도 했는데 소통은 온 데 간 데 없고 '싸가지'라는 말만 남았다.

사람들은 짐짓 이 사람 글을 외면한다. 글만 아니라 사람도 모른 체하기 일쑤다. 강준만의 글이 불편하고 강준만의 존재가 거북한 것이다. 새천년을 몇 달 앞둔 지난 1999년 7월 당시 한일장신대 교수 김성기는 이렇게 일갈했다.

"언론학회니 사회학회니 하는 허다한 지식인 모임에서 단 한 번도 그의 주장을 토론거리로 삼지 않은 것은 명백한 직무 유기다. 그에게 동의하느냐 여부는 별개다. 1990년대 지식인이라면 들뢰즈나 부르

디외를 논하기 전에 강준만을 먼저 논해야 한다."(『시사저널』, 1999년 7월)

그런 모습은 '후기' 들어서도 달라지지 않았다. '전기' 강준만의 고립과 단절이 자발적인 것이었다면 '후기' 강준만의 고립과 단절은 강요된 느낌이 강하다. 세상이 '전기' 강준만을 불만에 찬 주변부 지식인 정도로 치부했다면 '후기' 강준만은 한물간 지식인으로 깔아뭉개려 든다. 그런 태도에는 진보, 보수 가릴 것이 없다.

필자는 2023년 봄 학기 서울 시내 한 대학의 미디어학부 학생들을 상대로 강의를 한 적이 있다. 35명의 수강생 가운데 강준만이라는 이름을 아는 학생이 한 명도 없었다. 올해 초 언론사에 입사한 기자 다섯 명에게 강준만을 아느냐고 물었는데 이름을 들어봤다는 사람은 한 명, 강준만 책을 읽어봤다는 사람은 한 명도 없었다. 김대중·노무현 두 진보 대통령을 만드는 데 기여해 킹 메이커라는 소리도 들었고, 지금까지 300권에 가까운 책을 썼다.• 『김대중 죽이기』 같은 수십만 권이 팔린 베스트셀러 작가였고 지금도 정기적으로 일간지에 칼럼을 쓰고 한 해에 서너 권씩 책을 내는 '현역'이지만 강준만은 잊혀진 이름이 되고 있다.

강준만을 잊고 있는 사람들에게는 '지식인들의 지식인'으로 불렸던 그의 존재를 다시 한번 상기시키고, 그의 이름을 모르는 이들에게는 '성역과 금기를 타파'하고 '성찰과 소통'을 말해온 '지식인다운 지

• 논문 검색 사이트에서 강준만 이름으로 검색되는 책은 277권, 논문은 537편으로 나온다.

식인'도 있다는 것을 알려주고 싶다. 독설가, 친절한 지식인, 오지랖 넓은 동네 아저씨, 냉철한 싸움꾼, '전북대학교 칸트' 등 강준만에 대한 다양한 표현이 있지만 딱 이것이다 싶은 표현은 듣지 못했다. 강준만의 모습을 제대로 보여주는 사진을 찾기 어려운 것처럼 강준만에게 딱 맞는 강준만론을 찾기 힘들다. 남들에게 자신을 보여주는 데 인색하고 자신을 남들에게 어떻게 보여야 될지도 잘 모른다. 강준만의 본래 모습을 찾아주는 것도 이 글의 목적이다.

지식인이라는 말이 남루해진 시대에 그 남루한 단어를 부여잡고 살아온 사람이다. 글 쓰는 일이 초라해지고 글이 무력해진, 대중들이 지배하는 세상에서 움츠러들지도 기죽지도 않고 글을 써왔다. 글의 힘을 믿고 글 무서운 것도 안다. 그런 점에서 영락없는 지식인이다. 글은 무기이자 굴레였고 자신을 세상과 이어주는 유일한 연결고리였다. 핸드폰 안에 모든 정보가 담겨 있고 클릭 한 번이면 사는 데 필요한 지식을 곧바로 불러낼 수 있고 그래서 내가 남보다 많이 안다고 감히 말하기 어려운 세상에서 지식인의 도리와 삶의 자세를 생각하게 하는 삶이다. 강준만의 삶을 통해 지식인에 대해 생각해보고 싶었다.

3

한 지식인의 30년이 훨씬 넘는 노정에 대해서 한 사회가 마땅히 표해야 될 예우가 있다. 강준만의 생각에 찬성하거나 반대하는 것과는 다른 차원의 문제다. '1인 봉쇄수도원의 수도사'처럼 살고 있다. 돈 앞에서 무릎걸음을 하지 않았고 권력 앞에서 굴신하지 않고,

고립을 피해 연대를 구하지 않았다. 자신의 존재감이 예전 같지 않다는 것을 모를 리 없지만 내 자리가 왜 이리 작고 초라한 것이냐고 투덜대지 않는다. 빛나던 자리에 다시 오르겠다고 애쓰는 것 같지 않고 '내가 누군지 알아? 내가 왕년에 말야' 같은 투의 말을 하지 않는다.

누군가는 이 사람의 이야기를 정리할 법도 하건만 제대로 모양을 갖춘 '강준만론'이 없다. 변명이든, 비판이든, 예찬이든 강준만의 삶은 기록되고 정리될 만한 가치가 있다. 그래야 마땅할 듯한데 그런 일을 하겠다고 나서는 사람이 없다. 그런 모습을 보면서 우리 사회, 특히 지식인 사회가 참 야박하다고 생각했다. 그래서 무딘 붓을 가진 사람이 먼저 나서기로 했다.

강준만에 대한 연구가 그리 많지 않고, 그리 많지 않은 연구들도 대부분 2000년대 초반, '전기' 강준만에 집중되어 있다. 저널룩『인물과 사상』이 마지막으로 나온 2004년 말까지다. '전기'를 빼고 강준만을 말할 수 없지만 이 책에는 가급적이면 그 이후의 강준만을 많이 담으려고 했다.

강준만을 만나지는 않았다. 말보다 기록에 의지해 쓰는 글의 미덕을 기대했다. 자기 생각에 대해서는 차고 넘치도록 글을 써놓았으니 무슨 생각을 해왔는지 알고 싶으면 글을 보면 되는 일이었다. 자료가 없는 게 문제가 아니라 자료가 너무 많은 게 문제였다. 안 한다 안 한다 했지만 인터뷰 기록도 적지 않다. 궁금한 것은 이미 다른 사람들이 물을 만큼 물었다. 묻는 사람에 따라 답이 달라질 사람은 아니다. 대신 강준만에 대해 말할 수 있는 사람들—지인, 제자, 동료 교수, 취재

기자, 시민단체 관계자, 출판사 관계자, 정치인―을 만나서 이야기를 들었다. 집필을 시작하면서 강준만에게 문자를 보내 당신에 대해 책을 쓰기 위해 주변 지인들에 대한 취재를 할 것이라고 알려줬다. 강준만은 취재가 본격적으로 진행되자 불편하다는 반응을 보였다.

강준만의 모든 저작과 기록을 검토하지는 못했다. 정치비평서, 역사서 중심으로 책을 봤고 강준만 관련 논문을 최대한 찾아 읽었다. 언론 인터뷰는 거의 빼놓지 않고 봤지만 못 본 자료, 놓친 기록도 적지 않을 것이다. 수백 권의 책을 쓴 사람이니 '당신이 그 때 거기서 이런 말 하지 않았느냐'고 공격하자면 얼마든지 할 수 있다. 강준만 입장에서도 '내가 거기에 대해서는 이미 다른 곳에서 이렇게 말한 바가 있다. 그것도 읽지 않았느냐'고 반박할 수 있다. 예전의 일을 들어 오늘의 자신에 대해 말할 때 난감하다고 말한 적이 있다. 강준만의 그 말을 기억하면서 이 책을 썼다. '어제의 말'로 '오늘의 강준만'을 비판하지 않으려고 했고 하나의 사실을 들어 강준만의 열 가지를 설명하지 않으려고 애썼다. 한 줄의 글로 한 권의 책을 평가하려는 편협함과 조급함을 피하고 싶었지만 과연 그런 다짐을 제대로 지켰는지 장담하기는 어렵다. 그 부분은 독자들의 판단에 맡길 수밖에 없다.

2024년 5월
저자 씀

차례

1장

변절과 배신?
나는 달라진 게 없어요

▌진보의 '화양연화' 시절

두 사람은 죽이 잘 맞았다. 김어준은 강준만의 팬이었고, 강준만은 김어준의 팬이었다. 2000년 8월, 김어준과의 『한겨레21』 「쾌도난담」 인터뷰는 유쾌하다 못해 통쾌하다. 두 사람이 인터뷰 내내 낄낄거리고 깔깔거리고 시시덕거리는 모습이 지면 밖으로 흘러넘친다. 취재원을 무장해제시키는 김어준의 능력은 그때부터 탁월했다. 강준만의 입에서 술집 아가씨 허벅지 주무른 이야기를 끌어내고 다시는 여자 나오는 술집에 가지 않겠다는 다짐을 받아낸다. MBC 피디 시절 여자 연예인과 사귄 적 있느냐는 질문도 던진다. 강준만은 물론 아니라고 답하지만 그런 질문은 묻는 것 자체로 흥미로운 법이다. 입담이라면 누구에게도 지지 않는 김규항까지 가세한 인터뷰는 전성기를 구가하던 시절의 강준만 모습이 잘 그려져 있다. 자기 생각을 드러내는 데 주저함이 없고 자신만만하고 세상을 발 아래둔 사람의 모습이다.

강준만과 김어준이라는 걸출한 두 악동(?)의 만남은 두 시간 반 인터뷰에 이어 술자리로 넘어갔다. 진짜 대화는 술자리에서 있었을 것이다. 얼마나 많은 사람들이 두 사람의 안줏감이 되어 잘근잘근 씹혔을지 충분히 상상이 된다. 그 자리는 만담과 재담, 야담에 육담까지 넘쳐났을 것이다. 김어준이 강준만의 입심이 당대의 대가인 황석영에 필적할 정도라며 개그맨의 소질도 있다고 말한 것을 보면, 그 술

자리에서 MBC 라디오 피디로 예능 대본을 직접 쓰며 코미디언들과 일하던 시절의 재능을 아낌없이 뽐냈던 모양이다. 그 시절 강준만은 '부처님 가운데 토막' 같은 사람은 아니었다. 열 살이 넘는 두 사람의 나이 차이는 자유로운 영혼을 가진 사내들에게 전혀 문제가 되지 않았다. 만나면 좋은 친구, 동지였다.

그 때가 두 사람 모두에게 화양연화의 계절이었다. 자신들에게 가장 잘 어울리는 옷을 입고, 가장 어울리는 일을, 가장 신이 나서 하고 있던 시절이다. 무슨 말을 하고 무슨 행동을 하든 자연스럽고 거리낌이 없었다. 본인들도 자유로움을 느꼈고 보는 이들도 유쾌하고 후련했다. 한 사람은 진보 진영의 대표적인 논객으로 실명 비판이라는 칼을 들어 좌우 가릴 것 없이 허위와 위선을 도륙 내고 있었고, 또 한 사람은 B급 정서를 앞세워 '우끼고 자빠진 세상에 똥침'을 날리고 있었다.

두 사람은 닮은 점이 많았다. 기성의 문법과 권위를 존중하지 않는 싸가지 없는 태도가 닮았고 세상 무서운 것 없고 세상을 돈짝만 하게 보는 건방짐도 닮았다. 반反주류, 반항아 같은 이미지를 공유하고 있었다. 대중들에게 환호도 많이 받고 환호만큼 욕도 많이 들었다. 무엇보다 '진보'라는 이념을 공유하고 있었고 그 진영의 '얼굴'이었다. 진보의 얼굴 역할은 강준만에게는 과거 이야기, 김어준에게는 현재까지 계속되는 이야기다. 그 때 두 사람이 말하는 '진보'는 서로 다르지 않았다. 자신들이 같은 깃발 아래서 함께 싸우고 있다는 믿음을 공유하고 있었다. '술집 여자 허벅지' 이야기를 할 수 있을 만큼 강준만이 거의 무장 해제 수준의 모습을 보일 수 있었던 이유다.

김어준은 '강준만 키즈'의 전형이었다. 1998년 세워진『딴지일보』는 강준만이 신호탄이 된 안티조선운동의 은총으로 태어나 안티조선운동의 세례를 받으며 성장한 매체였다.『딴지일보』의 초기 대표 기사로 꼽히는「좃선일보 김대중 주필의 지좃대로 영문법」이 보여주듯이, 이 매체의 탄생과 존재 이유는『조선일보』를 조롱하고 풍자하는 데 있었다.『딴지일보』라는 제호부터『조선일보』가 김대중 정부에 대해 사사건건 딴지를 걸고 있다며 이 신문을 야유하기 위해 지은 것이다. 그 무렵 김어준의 글에서는 강준만의 그림자가 짙게 느껴진다. 비판 대상에 대해 야유와 조롱과 비아냥을 퍼붓고 공손함이나 예의 같은 것은 찾아보기 어렵다. 자신의 비주류 정서를 약점이 아니라 무기로 활용하는 전복적인 태도, 그것이 김어준이 강준만에게 배운 것이다. 강준만은 김어준의 스승이자 멘토, 동지였다. 김어준이 그 날 만남에서 강준만을 교수님이 아니라 '선생님'이라고 부른 것은 당연한 일이었다.

▌ 김어준, 당신은 정치무당이야!

지난 2023년 1월 강준만은『정치 무당 김어준』을 펴냈다. 강준만은 이 책에서 김어준을 '증오와 혐오의 정치 마케팅을 통해 한국정치를 타락시킨 선동가', 정치 무속의 세계를 연 '정치 무당' '사이비 선지자' '신흥 종교 교주' 같은 존재라고 공격했다. 진보의 한 문화

장르이면 충분할 김어준이 진보의 상징 역할을 하고 진보를 진두지휘하는 것은 문제라는 것이다. 말이 통하는 동지, 유쾌한 제자를 한국 정치를 타락시킨 '정치 무당'이라고 비판하는 날이 올 거라고는 꿈에도 생각하지 못했을 것이다. 예전에 썼던 호의적인 글을 책의 앞부분에 따로 묶은 것은 아직은 인간적인 정이 남아 있다는 뜻일 게다. 그렇지만 이 책은 두 사람이 더 이상 같은 편이 아니라는 것, 두 사람이 말하는 진보가 같은 의미가 아니라는 것을 말해준다.

"내가 그를 '정치 무당'이라고 한 건 그가 더 이상 논리와 이성의 영역에 있지 않다는 의미. 김어준을 좋아하는 이들은 그가 어려운 사안도 쉽게 전달하는 '대중의 언어'를 사용한다는 점을 이유로 꼽는다. 그러나 그가 실제로 원하는 건 논리와 이성을 바탕으로 한 토론이 아니라 '신앙 부흥'이라는 게 문제다. 그는 사이비 선지자와 같은 음모론을 퍼트리고, 그 음모론이 잘못된 것으로 판명돼도 사과하지 않는 등 신흥 종교 교주 같은 면모를 보인다. 이런 일련의 모습이 내겐 '정치 무당'으로 다가온 것이다." (남수현과의 인터뷰, 중앙일보, 2023. 2. 23.)

많은 언론들이 서평 형식을 빌어 이 책을 크게 소개했다. 기사의 제목은 대동소이했다. 「"김어준, 증오 정치의 선동가…'나꼼수' 이후로 변질"」(한겨레) 「"김어준. 증오 선동한 정치 무당…문정권 운명 바꿨다"」(조선일보) 「"김어준은 정치 무당…한국 정치를 선악 대결로 몰아"」(서울신문) 「"김어준은 한국 정치를 타락시킨 정치 무당"」(한국일보).

이 서평기사의 댓글은 김어준이 아니라 강준만을 비난하는 게 대부분이었다.

"내가 후회하는 일 중에 하나가 저런 강준만의 『인물과사상』을 정기 구독했다는 사실이다. 그의 쓰레기 글에 처들인 돈이 너무도 쓰리고 아깝다."

"당신 같은 변절자에 박쥐 같은 인간이 할 말은 아니지."

"김어준에 대한 강준만의 콤플렉스, 그 이상도 이하도 아니다."

"김어준이 무당이면 강준만은 손님 끊긴 무당"

물론 아래와 같은 댓글도 없는 것은 아니지만 극히 드물다.

"자칭 진보라는 사람들이 강준만을 버리고 김어준을 선택한 이유는 무엇일까. 성찰을 좀 해보시길"

진보가 강준만이 아닌 김어준을 선택했다는 말이나 강준만은 '손님 끊긴 무당'이라는 표현은 강준만이 처한 현실을 정확하게 보여주는 댓글이다.

■ 방송의 중립에는 좌우가 없다

지난 2023년 7월에는 『MBC의 흑역사』라는 책을 냈다. 김어준을 공격하는 책을 낸 지 6개월 뒤다. 진보 진영을 대표하는 언론, 윤석열 정권에 날카롭게 맞서고 있는 MBC를 정면으로 겨냥한 책이다. 2017년 정권교체 이후 MBC의 정치적 중립성과 공정성에 대해 문제를 제기하는 이 책에서 강준만은 공영방송의 중립에는 좌우가 없다는 것, 노조가 선과 정의를 대변하는 것만은 아니라고 말한다.

> 노조는 선과 정의를 대변하는가? 진보진영엔 그렇게 생각하는 사람이 많았다. 이런 사람들은 노영방송에 별 문제의식이 없거나 바람직스럽게 생각하기도 했다. 그러나 노영방송도 위험하기는 마찬가지였다. 아니 더 위험한 점도 있었다. 노조가 특정 정권을 지지하면 노영방송은 사실상 어용방송이면서도 저항 자체를 어렵게 만들 수 있었다는 점에서 말이다. (『MBC의 흑역사』, 47쪽)

강준만은 이 책을 2016년 시점부터 시작한다. MBC 구성원들이 방송 민주화를 위해 '마치 나라 잃은 사람들이 독립 운동하듯 싸운' 이명박·박근혜 시절 기록은 찾아보기 어렵다. 2016년부터 시작하는 의도는 분명하다. 머리말에서 "언론노조와 진보학자들의 관점에서 쓴 기록은 많아도 반대편의 시각에서 본 기록은 거의 없고 그것이 이 책을 쓰게 된 동기"라며, 그 책의 목표는 진보의 반대편에서 MBC의 현재를 비판하는 것이라고 선언한다.

'조국 사태 보도' '검언유착 보도' '드루킹 사건 김경수 경남지사 관련 보도' '김건희 여사 관련 보도' '바이든… 날리면… 논란' 등 구체적인 보도 사례를 들어가며 2017년 이후 MBC가 정치적으로 편향된 보도를 하고 있다고 주장한다. '사회적 흉기'라는 말까지 동원하며 한때 자신의 친정이기도 했던 방송사를 맹공한다. '선악 이분법에 중독된 나머지 자신들이 무슨 잘못을 저지르고 있는지조차 전혀 깨닫지 못하고 '언론으로선 해선 안 될 당파적 작태를 저질러 놓고도 고개를 빳빳이 쳐들면서 큰소리를 칠 정도로 오만해'졌다는 것이다.

MBC는 민주당 정권을 보호하고 사수하고 미화하면서 민주당의 정권 재창출을 위해 혼신의 노력을 다하는 것처럼 보였다. 민주화가 되기 이전에 그랬다면 MBC 사원들은 모두 존경받는 영웅이라고 할 수 있을 게다. (…) 기득권을 지키려는 '밥그릇 싸움'인 게 분명함에도 그들은 자기들이 선과 정의를 독점한 것처럼 굴지 않았던가? 더욱 가슴 아픈 건 기득권과는 무관한 관련 학계 학자들까지 그들의 그런 행태를 옹호하고 나섰다는 점이다. 아! 나는 한숨을 쉬지 않을 수 없었다. 우리는 아직도 1980년대에 살고 있는 건가. (『MBC의 흑역사』, 9쪽)

강준만은 MBC가 그런 보도를 하게 된 것은 '편향성의 신념화' 때문이라고 분석했다. 외부의 압박이나 간섭에 의한 것이 아니라 진보의 DNA를 가지고 있는 내부 구성원들에 의해 편향적이고 당파적인 보도가 자발적으로 이루어지고 있다는 것이다. 무리한 방법으로 공영방송을 장악하려고 했던 보수 정권의 역사적 업보라는 지적도 잊지 않는다.

국민의힘은 한마디로 방송 장악에 있어서는 전과 집단이며, 국민의힘이 언론 자유를 추구하는 정당이라는 주장은 설득력을 얻기 힘들다는 것이었다. 그렇다고 해서 언론노조가 반反국민의힘이라고 주장하는 것도 실수하는 거다. 이건 친親이니 반反이니 하는 단순한 언어로 접근할 문제라기보다는 역사적 업보인 동시에 아비투스(습속)의 문제로 보아야 한다. 미국의 할리우드 영화인들이나 아이비리그 인문사회과학 교수들의 압도적 다수는 친민주당이지만, 이 또한 아비투스의 문제로 이해할 때에 보다 더 정교한 이해에 도달할 수 있다. (…) 그런 편향성의 신념화를 통해 상부나 외부의 간섭과 압박이 없어도 스스로 작동한다는 것이다. (『MBC의 흑역사』, 155쪽)

공영방송은 심판으로 남아야지 선수로 나서면 안 된다는 것, 방송 민주화는 진보의 편을 드는 것이 아니라는 것, 보수는 반드시 이겨야 하거나 청산해야 될 대상이 아니라는 것을 강조한다. 공영방송은 누구의 편이 아닌 모든 진영에게 공평해야 하며 이를 위해 정치적 중립과 균형은 반드시 필요한데, MBC의 모습은 이런 원칙에서 크게 벗어나 있다는 것이다.

 민주주의 체제의 선거에선 특정집단의 관점에선 얼마든지 나쁜 정치 세력이 등장할 수 있지만 선거법은 그것을 고려하지 않는다. 좋건 나쁘건 동등하게 대해야 한다는 게 선거법의 정신이다. 방송 공정성 문제는 국민의힘, 윤석열, 김건희 등에 대한 증오, 혐오의 정서와 분리해서 생각해야 한다. (『MBC의 흑역사』, 301쪽)

▍왜 강준만은 이재명에게 불공정한 잣대를 들이댈까?

지난 2022년 대통령선거에서 누구의 편도 들지 않았다고 했지만, 강준만이 오른쪽으로 기울어져 있다는 것은 분명했다. 민주당 대통령후보 이재명을 바라보는 강준만의 모습에서 이 '진보 논객'이 얼마나 진보와 멀어져 있는지 확연하게 드러난다. 이재명을 바라보는 시선은 냉랭함 그 이상이었다. 진보 진영 대통령 탄생에 일등공신이었던 '진보 진영의 킹메이커' 모습은 2022년 대선에서는 찾아볼 수 없었다.

소수자, 약자, 핍박받는 자에게 발동되곤 하던 강준만의 편들기 본능은 이재명에게는 전혀 작동되지 않았다. 이재명을 지지하려고 했다면, 지지해야 할 이유와 근거는 얼마든지 찾을 수 있었다. 이 사회의 주류들에게 배제 당하고 설움 받은 것으로 치면 이재명은 김대중이나 노무현에 못지않다. 가난의 경험이나 못 배운 설움으로 보면 이재명은 우리 사회 약자의 상징 그 자체다. 이재명에게는 끌어주는 사람도, 밀어주는 사람도 없이 지금의 자리에 오른 인간승리 드라마가 있고 가족사를 둘러싼 비애와 오해도 적지 않다. 김대중을 지키려던 자세로 이재명을 봤다면 '이재명을 위한 변명' 같은 책을 몇 권이나 썼을 테고, 노무현의 장점을 찾아내던 눈으로 이재명을 살폈다면 '내가 이재명이다'라는 제목의 책인들 못 썼을 리 없다. 그렇지만 강준만은 이재명의 이런 면이 아니라 다른 면을 봤다.

강준만이 보기에 현재의 이재명은 핍박 받는 약자가 아니다. 오히려 견제하지 않으면 안 되는 위험한 인물일 뿐이다. 그러니 이재명의 다양한 모습 가운데 지지하지 않아야 될 이유, 비판해야 될 이유만을 찾으려고 애쓰는 것이다. '증오와 선동의 귀재' '과격한 좌파' '가짜 실용주의자'라는 딱지를 붙이는 것을 망설이지 않으면서 이재명에게 쏟아진 숱한 비난과 저주와 조롱은 전혀 언급하지 않는다. "세상의 변화를 읽어낸 탁월한 감각과 능력"을 가졌다는 평가를 한 줄 걸치기는 하지만 그것도 자세히 읽어보면 부정적인 뜻으로 읽힌다.

이재명을 평한 몇 문장을 살펴보자.

'이명박은 가짜 실용주의자'라는 그의 어법을 빌리자면 그 역시 가짜다. 이렇게 말하는 게 결례가 될 거 같지는 않다. 한국에서 실용주의는 '우파의 전유물'로 이해되어 왔기 때문이다. 이재명은 우파가 아니며, 지극히 '민주당스러운' 정치인이라는 게 무슨 흉이 되겠는가. (『정치전쟁』, 166쪽)

실용주의가 우파의 전유물이기 때문에 우파가 아닌 이재명은 실용주의가 아니라는 것, 그러니 이재명은 가짜 실용주의자라는 논리인 셈이다. 실용주의가 우파의 전유물이라는 논리부터 이해하기 어렵다. 성남시장, 경기도 지사 시절 이재명의 특징은 실용성이었다. 스스로 개인의 가치보다는 공동체의 가치를 더 중요하게 본다는 점에서 자신은 보수에 가깝다고 했다. 자신은 진보보다는 보수에 중심을 두고 있다는 이재명의 다음과 같은 항변을 모를 리 없다.

"현존하는 합리적 질서 유지에 집중하느냐, 아니면 새로운 합리적

길을 찾아내느냐? 새로운 거 찾아보자 이게 진보일 테고, 있는 거 잘 지켜보자고 하면 보수일 텐데 저는 이쪽에(보수) 더 중심이 있는 게 맞죠. 사람들은 저 보고 과격한 좌파라고 하는데 좌파 아니죠." (〈그사람: 견고한 현실주의자 이재명〉, SBS, 2020년 7월)

이재명은 민주당의 주류인 586운동권 출신도 아니고, 친노와도 거리가 한참 멀다. 민주당의 뿌리인 김대중, 동교동 세력과도 연이 닿지 않는다. 고향도 경북 안동, 호남과는 털끝만한 인연도 없다. 이재명이 이끄는 지금의 민주당은 김대중과 노무현이 이끌던 그 민주당과 다르다고 말하는 사람들이 적지 않다. 민주당의 최대주주가 되고 나서도 이재명은 왠지 쭈뼛거리고 겉돌고 있는 것처럼 보인다. 민주당 동료들이 기꺼이 '당신은 우리와 뿌리를 같이하는 사람'이라고 인정하지 않기 때문이다. 김대중의 민주당, 노무현의 민주당, 586운동권의 정당이던 민주당을 바꿔놓은 인물이라고 보면 이재명을 다른 눈길로 바라볼 만도 하다. 특히 강준만이 그동안 586운동권 출신들이 주도하고 친노·친문이 지배하는 민주당에 대해 극히 비판적인 입장을 보여온 것을 생각하면 이재명을 긍정적으로 해석할 여지는 더 커진다. 그러나 강준만은 단호하게 이재명을 '지극히 민주당스러운 정치인'이라고 규정한다.

지난 대선에서 이재명이 주장한 정치교체론을 2017년 반기문이 내세운 정치교체론과 비교하는 대목에서 강준만은 이렇게 썼다.

…(반기문의 정치 교체론은-인용자) 이재명의 정치 교체론과 별로 다

르지 않은 문제의식인 것 같다. 차이가 있다면 반기문은 진심이고 이 재명은 자신이 그간 '대결과 분열'의 정치를 해왔다는 점에서 진정성이 떨어진다는 점일 게다. (『정치혁명』, 98쪽)

반기문이 이야기하는 정치교체는 진심이라고 단정한다. 근거는 말하지 않는다. 반면 이재명의 정치교체는 '진정성이 떨어진다'고 말한다. '대결과 분열'의 정치를 해왔기 때문이라는 것이다. 2017년 대선에 나왔던 반기문의 정치 교체론과 2022년 이재명의 정치 교체론을 비교하는 것은 같은 내용이라도 말하는 사람에 따라 다르게 전달될 수 있음을 강조하려는 뜻이라고 일단 받아들여보자. 그렇다고 다짜고짜 반기문은 진심이고 이재명은 그렇지 않다고 단정하는 것은 이재명에 대해 강한 선입견과 편견을 가지고 있다는 인상을 줄 뿐이다. 비판을 위한 비판, 공격을 위한 공격으로 보인다.

팬덤 정치의 폐해를 말하며 이재명의 책임을 거론한다. 이재명은 댓글 읽고 글 쓰느라 침대에서 떨어질 때도 있을 만큼 부지런히 SNS 활동을 한다. '팬덤의 창업자'이자 팬덤의 구성과 운영에 직접 개입한 '팬덤의 CEO'로서 대중과 적극적으로 소통하려는 것이다. 이런 노력은 이재명이 기초자치단체장이 된 지 10여 년 만에 대통령후보가 되고, 친문 팬덤이 장악하고 있던 민주당을 불과 2년 만에 '친명' 정당으로 바꿔놓을 수 있었던 원동력이기도 하다.

"여러분의 손으로 박근혜를 무덤을 파 박정희의 유해 곁으로 보내줍시다" "그들은 인간이 아니다. 어설픈 관용과 용서는 참극을 부른다" "독극물 조작 언론을 반드시 폐간시킬 것" 같은 말은 지지자들에게 '사이다 발언'으로 받아들여졌지만 강준만에게는 분열과 증오의 언어일 뿐이다.

지난 22대 총선 공천 과정에서 이재명에 대한 팬덤 지지는 절정에 이르렀다. 21대 총선에서는 64%가 넘는 득표율로 서울지역 최다득표율을 기록했던 박용진이 서울 강북 을 지역구 경선에서 정봉주, 조수진, 한민수에게 연이어 패하면서 3선 도전에 실패했다. 박용진을 이긴 세 명의 경쟁자는 강북 을에 별다른 연고가 없었고 특히 조수진, 한민수의 경우 경선 실시 불과 사나흘 전에야 경선 후보로 결정되었지만 그 지역에서 10여 년 이상 표밭을 닦고 전국적 지명도가 있는 박용진은 판판이 깨졌다. 박용진이 현역 의원 평가에서 하위 10%로 분류되어 감점을 받은 점, 특정 지역구 후보를 뽑는 경선에 전국 권리당원들의 투표를 허용한 변칙이 동원된 것도 승부를 가른 요인이지만 기본적으로 '개혁의 딸', 이른바 개딸로 상징되는 이재명 지지 팬덤의 힘이 확인되는 장면이었다. 이재명이 자신의 정치적 경쟁자를 제거하기 위해 팬덤을 동원한 대표적인 사례로 기록될 만한 일이었다.

팬덤 정치의 폐해는 이재명 역시 경계하는 것이다. 개딸로 대표되는 열혈 지지층이 지금이야 자신을 지켜주는 단단한 방패이자 경쟁자를 견제하는 날카로운 칼이지만 언제든지 자신의 발목을 잡고 자신을 찌를 수도 있다는 것을 이재명이 모를 리 없다. 문자 폭탄과 관련해 "당을 망치고 민주주의를 파괴하는 행위"라는 말이나 "이런 극렬 지지자는 부담스럽다"는 이재명의 이야기가 빈말로 하는 이야기도 아닐 것이다. 이재명이 2017년 민주당 경선에서 패한 이후 불공정 경선을 주장하는 '손가락 혁명군', 이른바 손가혁 회원에게 정색을 하며 "그런 이야기하시려면 여기서 나가라"고 일갈하던 것, 손가혁 회원 자격 조건으로 "비록 적이라도 욕을 하지 말 것"을 제시한 것을 모를 리 없다. 세월호 추모 집회에서 노란 리본 지겹다는 한 시민에게 "당신 자식이 죽어도 그런 말 하겠느냐, 그런 말 하는 당신 같은 사람이 나라를 망치는 것"이라고 일갈했던 일화 같은 것은 소개하지 않는다.

이재명이 팬덤 정치의 수혜자인 것은 분명하고 팬덤 정치의 폐해가 크다는 것 역시 사실이지만 그 책임을 오로지 이재명에게만 물을 수는 없다. 팬덤 정치는 권리당원들이 적극적으로 자신들의 정당 운영에 관여하면서 발생하는 현상이니 이 역시 양면이 있는 사안임에도 강준만은 굳이 한 눈은 감고 한 눈만으로 보려는 듯하다. 이재명에게도 나름의 진정성이 있다는 것을 인정해줄 법도 하건만 강준만은 이재명에게는 진정성이 없다고 단정한다. 아니, 이재명에게는 진정성 같은 것이 있어서는 안 된다는 태도다.

한 신문의 칼럼 코너명을 「강준만의 역지사지」라고 붙일 만큼 입장 바꿔 생각해보자는 말을 입에 달고 사는 사람이다. 그런 사람이 이재명의 처지를 역지사지하는 데 지극히 인색하다. 아무리 생각이 다르더라도 상대방을 악마화해서는 안 된다고 말하던 사람답지 않다. 여배우 스캔들 같은 개인적인 구설을 언급하지 않은 게 그나마 이재명에 대한 배려라면 배려라고 할 수 있지만, 이재명을 바라보는 강준만의 시선은 장단점을 두루 살펴보려는 자세는 아니다.

강준만은 이재명에 대해 왜 이렇게 불공정하고 편파적인(?) 잣대를 들이대는 것일까? 이 적대감에 가까운 불신은 어디에서 비롯된 것일까?

강준만의 비판은 '자연인 이재명'에 대한 비판이 아니다. 민주당 대통령후보 이재명, 민주당 대표 이재명에 대한 비판이다. 내로남불의 상징이자 가짜 진보에 불과한 민주당 세력을 용서할 수 없으니 그 세력을 대변하는 이재명도 용서할 수 없는 것이다. '자연인 이재명'이라면 장점과 단점을 비교계량해서 평가하겠지만 '민주당 대선 후보'에 대해서는 그럴 수가 없는 것이다. 그렇다고 보면 그 자리에 이재명 대신 이낙연이나 다른 민주당 정치인 이름이 들어간다고 해도 강준만의 비판은 크게 달라지지 않을 것 같다.

강준만에게 이재명은 민주당을 대표하고 상징하는 인물이다. 이재명이 상징하는 민주당은 '개딸'들이 '수박'이라는 말로 경쟁자를 공격하고 제거하는 정당이다. 그런 민주당의 모습을 강준만은 받아들일 수도 이해할 수도 없는 것이다.

수박이란 단어의 비극적인 역사성을 감안컨대, 오늘날 수박은 함부로 써선 안 될 말이다. 괴물과 싸우다 괴물을 닮아가는 비극을 이처럼 드라마틱하게 보여준 사례가 또 있을까. 윤석열 정권을 군사독재정권의 후예라고 비난하는 이재명의 강성지지자들이 군사독재정권에서 핍박을 받은 민주화 인사들과 김대중을 지지한 호남인들을 향해 썼던 그 몹쓸 표현을 단지 이재명을 지지하지 않는다는 이유만으로 같은 정당의 구성원들에게 퍼부어대는 이 정신착란을 어찌할 것인가. (「이재명 팬덤의 레트로 매카시즘」, 『신동아』, 2024년 5월호)

이재명에 대한 비판이 가을 서리 같다면 윤석열에 대한 비판은 봄날의 꽃샘추위 수준이다. 부인 문제 등과 관련 윤석열의 행태를 내로남불이라고 지적하고 대선이 '네거티브 전쟁'으로 전락한 것에 사과하라고 윤석열에게 촉구할 때도 회초리로 종아리 정도 치는 느낌이다. 자신이 지지했던 대통령이라도 당선된 바로 다음날부터 날 세우기를 마다하지 않던 사람이다. 지금까지 쓴 글을 보면 윤석열에 대해서 그런 원칙이 철저하게 작동하는 것 같지는 않다. 22대 총선 약 2주 전에 강준만은 『경향신문』에 「왜 '윤석열 타도'를 외치는가」라는 제목의 칼럼을 썼다. 대통령 윤석열이 자충수를 연발해 여당의 총선 패배 전망이 나오던 시점에 쓴 글이다.

조국 가족을 그렇게 '도륙'낸 사람이 자기 가족, 특히 아내를 신성불가침의 영역에 모셔놓고 그 어떤 충정 어린 고언에도 화를 벌컥 낸다는 그의 이중 기준은 도저히 이해할 수 없다. 더 이해할 수 없는 건 그런 사고와 행태가 대중의 분노를 유발해 정권 몰락의 수렁으로 끌고 들어갈 수 있다는 걸 깨닫지 못하는 아둔함과 어리석음이다. '윤석열 타도' 외침은 윤석열의 자업자득이지만, 그로 인해 나라가 치러야 할 값비싼 희생을 생각하노라면 깊은 한숨을 내쉬지 않을 수 없다. (경향신문, 2024. 3. 26.)

윤석열의 어리석음과 아둔함에 대해 개탄하지만, 나라를 망치고 있는 이 정권에게 책임을 묻고 반드시 심판해야 한다는 분노가 느껴지는 글은 아니다. 같은 글에서 강준만은 윤석열이 조기 퇴진하고 '2기 촛불정부'가 들어선다고 해도 그 정권은 "더욱 거친 독선과 내로남불로 일관할 텐데 그게 윤 정권보다 나을 게 뭐가 있다는 건지 모르겠다"고 했다. 정권이 이재명의 민주당으로 바뀐다고 뭐가 달라질 게 있느냐는 것이다. 민주당에 대한 기대나 희망 자체가 없는 것이다.

▋ '보수의 블랙홀'에 빨려 들어갔다?

1980년대가 '운동가의 시대'였다면 1990년대는 '논객들의 시대'였다. 강준만이 없는 논객의 시대는 상상하기 어렵다. 강준만은 논객 시대를 열었고, 그 시대를 대표하는 인물이다. 논객의 존재 이유를 강준만만큼 멋지게 보여준 사람은 드물다. 1995년 『김대중 죽이기』, 2001년 『노무현과 국민사기극』으로 김대중·노무현 두 진보 정권 탄생에 기여했다. 1990년대와 2000년대 초반, 책을 통해 세상을 배우고 글을 통해 세상을 바꾸겠다고 나선 사람 가운데 강준만의 지적 세례를 받지 않은 사람은 거의 없다.

안티조선운동의 시발점 역할을 했던 사람이 '공영방송' MBC를 사회적 흉기라고 질타하고, 문재인 정부를 '후안무치한 가짜 진보 정권'이라며 강도 높게 비판한다. '싸가지 없는 진보'라는 표현을 서슴없이 사용하고 김어준은 정치를 타락시킨 '정치 무당'이라고 공격한다. 이재명 신화는 증오 언어와 선동 재능이 만들어낸 것이라고 진단한다. 진보 진영에 대한 비판은 조언과 충고 수준을 넘어선 지 오래다. 보수에 대한 비판은 시늉에 그친다. 진보는 몽둥이로 조지고 보수는 회초리로 때리는 수준이다. '이게 다, 진보 당신들 잘되라고 하는 거야'라고 말한다지만 몽둥이로 얻어맞는 사람 입장에서 보면 그 말 믿기 어렵다. 잘 되라는 회초리가 아니라 어디 한 군데 부러트려 놓겠다는 몽둥이로 보일 때가 많다.

변화의 조짐은 오래 전부터 보였다. 2003년 노무현 정권 출범 이후 새천년민주당이 갈라지고 열린우리당이 만들어지는 과정에서, 친노親盧라고 불리던 진보의 주류 세력과 불화와 갈등을 겪었다. 그 틈은 좀처럼 좁혀지지 않았다. 오히려 시간이 갈수록 더 벌어졌다. 2008년 광우병 촛불시위를 진보좌파의 오버, 광기라고 공격했고 2012년 대선 국면에서 문재인과 안철수가 맞섰을 때 안철수를 지지했다. 2022년 대선 패배는 민주당의 자해극이라고 규정했다. 2014년 인격과 싸가지라는 말로 진보를 비판하고 나왔을 때 강준만의 변화는 이미 돌이킬 수 없는 것이었는지도 모른다.

인격은 그릇이다. (…) 인격 없는 이념은 쓰레기라고 해도 좋겠다. 이제는 인격에 대해 말할 때가 되었다. 그런 기존 진영 의식에 대한 성찰이 있을 때에만 가능하다. 진영 내부에서 인격을 중요하게 여기는 풍토를 만들어야 한다. 이념과 인격이 함께 사이좋게 손을 잡고 가는 모습을 보고 싶다. (『싸가지 없는 진보』, 126쪽)

진보 진영과의 불화와 갈등이 하루 이틀 된 것이 아님을 생각하면, 『MBC의 흑역사』 『정치 무당 김어준』 등에서 드러난 강준만의 모습은 새삼스러울 것도 그리 놀랄 일도 아니다.

민주화 투쟁가들은 민주화의 은인이다. 하지만 그들의 습속과 자질은 민주화 이후의 정치엔 맞지 않는다. 가슴 아픈 일이지만 그게 세상이다. (…) 이들은 보수를 거대한 적으로 내세워 시효가 끝난 민주화 투쟁 모델을 연장하면서 자신들의 기득권을 강화하고 있다. 보수의 한심한 수준과 행태에도 책임이 있지만 그게 진보의 면책 사유가 될 수 없다. (『부족국가 대한민국』, 251쪽)

이런 강준만을 두고 진보 진영에서는 실망을 넘어 환멸을 느낀다는 사람도 적지 않다. 강준만의 책이 나올 때마다 '저 사람 아직도 저러고 있느냐'는 눈빛으로 바라본다. 나이 들어 눈빛 풀리고 다리 힘도 풀리더니 이제는 최소한의 피아구별도 못하고 아무 데나 총을 난사하는 것 아니냐는 사람도 있다. 강준만의 변화에 대해 당혹함을 보이던 진보 진영은 이제는 아예 체념한 듯하다.
지난 2023년 강준만에 대해 꽤 긴 글을 쓴 전 『한겨레』 편집인 김종구의 비판은 예외적인 대응이라고 할 수 있다. 김종구는 강준만을 '어용 지식인'이라고 단정했다. 더 이상 강준만에게서 최소한의 진정성도 찾을 수 없다는 것, 그러니 당신을 진보 논객으로 인정할 수 없다는 파문 선언이다.

"'어용'이란 말의 사전적 의미는 권력에 영합해 줏대 없이 행동하는 것을 낮추어 이르는 말이다. '특정 집단에서 독립된 척하면서도 사실은 우두머리의 손발 노릇을 하는 것을 이르는 말'이라는 설명도 있다. 이 말에 강 교수를 대입해보자. 그는 '특정 집단에서 독립'한 모습을 하고 있지만 실제로는 보수 정권의 방송 정책을 응원하는 역할을 하고 있다. 이명박·박근혜 정권 때는 침묵으로. 그리고 이제는 행동으로. 현 정권의 방송 장악 정책에 국한해서 볼 때 그를 '어용 지식인'이라고 불러도 지나침이 없어 보인다." (김종구, 프레시안, 2023.8.7.)

진보 진영 입장에서 보자면 강준만은 진보를 때리는, 그것도 아픈 데만 골라서 때리는 '변절자' '배신자'다. 인정 욕구에 목말라 있는 관종형 지식인일 뿐이다. 한 해에 대여섯 권씩 자극적인 제목들을 달아내는 책들은 화려했던 지난날을 그리워하는 애처로운 몸짓에 불과하다.

진보에 대한 독설을 쏟아내는 모습만 보면 영락없이 보수로 귀순한 '진보 논객'의 모습이다. 보수로의 귀순이든 망명이든 투항이든 전향이든 무슨 표현을 해도 이상하지 않다. 문제는 그렇게만 말하고 끝내기에는 어딘가 개운하지 않다는 점이다. 진보를 공격하는 모양새만 보면 보수 같지만 어느 모로 봐도 보수는 아니다.

왜 보수 좋아할 글을 쓰는가? 나는 보수에 애정이 없다. 나는 보수의 수준이 진보의 수준을 결정하고 진보의 수준이 보수의 수준을 결정한다고 보는 관점에서 보수가 잘되길 바라지만 보수가 잘되게끔 애를 쓰고 싶은 생각이 없다. 따라서 보수보다는 진보 비판에 더 끌린다. (『부족국가 대한민국』, 19쪽)

진보에 대한 비판으로 얻으려는 게 없다. 돈을 쫓는 것도 아니고 자리를 구걸한 적도 없다. 아무 것도 원하지 않고 아무 것도 누리려 하지 않으면서 수도승처럼 묵묵히 읽고 성실하게 글을 쓸 뿐이다.

보수 진영에서 강준만을 후하게 평가할 때 쓰는 표현이 '스스로를 성찰할 줄 아는 용기 있는 진보 지식인'이다. 그러나 '난 보수 같은 것에는 조금도 관심이 없다, 그래서 보수를 비판하지 않는다'고 말하는 사람을 보수라고 할 수는 없다. 당파성을 버렸다고 하지만 여전히 진보의 영지 안에서 사는 사람이다. 몸은 때때로 오른편으로 기울기도 하지만 뿌리는 단단히 왼쪽에 두고 있는 사람이다.

언젠가부터 강준만은 자신을 진보나 보수 같은 말로 규정하는 것에 대해 거부감을 보여왔다. 다만 독자와의 소통을 위해 통념적으로 쓰이는 '보수' '진보' 개념을 쓰긴 하지만 그런 이분법적 구분이 마뜩잖다는 것을 숨기지 않았다. 전북대 퇴임을 앞두고 『연합뉴스』 김동철은 강준만에게 이런 질문을 던졌다.

- 강교수를 '진보 학자'라고 하는데 본인의 이념적 스펙트럼은?

"어려운 질문이다. 우리 사회에서 통용되는 이념적 구분 기준과 스펙트럼이 엉망이기 때문이다. 예컨대, 한국형 계급 투쟁에서 가장 중요한 부동산 문제의 처참한 실패로 서민들에게 큰 고통을 안겨준 세력이 다른 정치적 의제에서 진보를 내세운다 해도 그걸 어찌 진보라고 할 수 있을까? 기존 '내부 식민지' 체제에 아무런 문제 의식이 없는 사람을 진보라고 할 수 있나? 당파적 이익에 눈 멀어 성폭력 피해자에게 2차 가해를 서슴없이 하는 사람들을 진보라고 할 수 있나?" (연합뉴스, 2021.2.4.)

진보라고 할 수 없는 이들이 가당찮게 진보라는 말을 사용하는 데 대한 거부감을 표현하면서 자신이 진보인지에 대해서는 답을 피한 것은 자신을 어느 한쪽으로 규정하는 일이 가소롭기 때문일 것이다. 본인의 입으로 그리 말한 적은 없지만 뿌리는 진보에 두되 중립지대를 확장하자는 생각으로 살아왔고 그런 생각을 글로 표현해왔다. 중립지대로 잎과 줄기를 뻗어 나아가면서 자신이 변한 것을 부인하지 않는다. 다만 자신의 변화는 진보 반동에 대한 저항일 뿐 배신과 변절은 아니라는 것이다.

자신의 옳음을 재차 확신하기 위해 내가 '변절'했기를 간절히 바라는 사람들에게 서운한 일이겠지만 '변절'이니 '배신'이니 하는 개념을 너무도 사랑하는 사람들의 정신 상태를 견디기 어려웠기 때문이기도 하다. 나는 현 한국 사회를 지배하고 있는 패싸움과 그 기본 원리가 역겨

웠다. 우리 편은 무슨 짓을 해도 지지를 보내지만, 반대편은 무슨 일을 하건 물어뜯는 게 체질화 된 사람들의 행태가 혐오스러웠다. (『MBC의 흑역사』, 10쪽)

얼핏 보면 강준만은 보수라는 거대한 블랙홀 속으로 빨려 들어가고 있는 것처럼 보인다. 진보에서 밀어내는 힘도 강하고 그 맞은편에서 끌어당기는 힘도 강하다. 밀어내는 힘에 밀려나지 않고 끌어당기는 힘에 끌려가지 않기 위해 애쓴다. 그 중간 어디에서 자신의 영지를 찾고 그 영지 안에서 생각을 같이하는 사람들이 모이기를 기대하는 노력이 300권에 가까운 저서라고 할 수 있다.

우선 해야 할 일은 강준만의 변화를 추적하는 것이겠다. 겉으로 드러난 것만으로 강준만의 변화 여부를 판단하는 것은 충분하지 않다. 글로 거의 모든 것을 말하는 사람이지만 강준만이 달라진 것이 맞는지, 달라졌다면 왜, 어떤 이유로 달라졌는지 살펴보려면 글을 살펴보는 것만으로는 충분하지 않다. 때로는 글보다 살아온 이력이 더 많은 것을 말해주는 사람들이 있다. 강준만도 그런 사람이다.

2장

문화권력자를
꿈꾸었던 사람

▌호남 출신이자 이북 실향민의 아들

목포 출신 이북 실향민의 아들, 1956년 전남 목포에서 3남 1녀의 장남으로 태어났다. 위로 누나 하나, 아래로 남동생이 둘이다. 동생 강준우가 출판사 인물과사상사 대표다. 황해도 출신 부모님은 한국전쟁 와중에 목포에 자리 잡았다. 그런 연유로 스스로 반쪽짜리 호남인이라고 부른다. 부모님은 호남인보다는 이북 실향민의 정서가 강했다. 전쟁 직후 이북 출신 실향민은 '삼팔따라지'라는 말이 보여주는 것처럼 한반도 남쪽에서 천덕꾸러기 신세였다. 천지 사방에 어디 한 군데 손 벌릴 데가 없고 자기 몸 하나말고는 의지할 데가 없는 처지였다. 이북 출신 실향민들의 강력한 생존 능력은 이런 환경에서 배양된 것이다. 호남은 오랫동안 차별의 대명사였고 호남 사람들은 이등국민 취급을 받았다. 강준만의 성장 배경에는 이북 출신 실향민 부모, 호남 태생이라는 이중 약자의 조건이 있는 것이다. 강준만이 공공지식인으로 살아오면서 일관되게 보여온 약자에 대한 공감, 단독자 의식, '끼리끼리 문화'에 대한 반감은 이런 성장 배경과 무관치 않을 것이다.

중학교 때 서울로 이사하고 난 뒤 사투리를 쓴다고 '전라도 깽깽이'라는 말을 들으면서 전라도 출신이라는 게 한국 사회에서는 일종의 낙인이라는 것을 알았다. 고교 평준화 정책 이전에 숭실고를 다녔는데 그 학교가 경기고·서울고처럼 세칭 일류고는 아니었다. 1973년

성균관대학교에 입학했다. 전공은 경영학과, 취업하기 좋은 학과라고 생각해서 들어갔다. 정의감이 남달랐지만 운동권 학생은 아니었다. 뒤에서 돌 던지는 정도였다. 학생운동에 참여하길 권했던 친척 형이 강제징집을 당해 군에서 숨진 것도 영향이 있겠지만 당시 학생운동은 자신이 가진 것을 포기하는 결단을 요구하는 일이었다. 분명한 것은 대학 시절을 통해 그 시절 많은 청년들이 그랬던 것처럼 강준만은 진보적인 의식으로 무장하기 시작했다는 점이다.

> 20대 시절 '운동권'과는 거리가 멀었을 망정 일상적 삶에서 '사회정의'(?)를 실천하기 위해 애쓴 적이 있다. (…) 그 때만 해도 줄 서는 문화가 잘 안 지켜졌다. 나는 그런 혼란한 상황을 보면 내가 앞에 나서서 줄을 세우곤 했다. 말을 안 듣는 사람에겐 호통도 치곤 했다. 지금도 아주 드물게 그런 솜씨를 발휘하기도 하지만 예전 같지는 않아서 웬만하면 그냥 넘어간다. 여자와 데이트를 할 때도 그런 짓을 하곤 했다.
> (『노무현과 국민사기극』, 94쪽)

1980년 초반 MBC 피디, 『중앙일보』 기자로 짧게 근무했다. 신문사 시험, 방송사 시험은 예나 지금이나 어렵기로 유명한데 그런 곳을 쉽게 들어가고 쉽게 나왔다. 입학시험의 부진(?)을 입사시험으로 보상받은 셈이다. MBC 피디 근무기간은 1년 정도였다. 라디오 피디로 일하면서 이성미, 김학래, 엄용수, 정명재, 김정렬 등 개그맨과 일한 적이 있고 직접 대본을 쓰기도 했다. 짧은 피디 생활을 마치고 『중앙일보』기자로 다시 입사했지만 수습기간도 마치지 않고 미국 유학길에 올랐다.

유신 독재가 절정이던 1970년대 중반 대학 시절을 보냈다. 그 시절이 강준만에게 깊은 내상을 준 거 같지는 않고 학생운동을 하지 않은 것에 대해 남다른 부채의식을 느낀 거 같지도 않다. 우리들 피 흘리고 감옥에 갇혔을 때 당신은 뭐 했느냐는 힐난성 질문에 대해 정색하고 답변을 내놓은 적은 없지만, 억압의 시대라고 모든 사람이 저항하고 싸워야 되는 것은 아니고 그러지 않았다고 비난을 받아야 할 이유도 없다.

 - 김종엽: 여러 군데서 선생님께서는 자신의 큰 약점 중의 하나가 지금보다 훨씬 더 억압적인 시절인 유신 시절에 대학을 다녔고, 전두환 시절에는 유학을 갔고 해서 팔자 좋게 지낸 것 아니냐고 추궁한다면 할 말이 별로 없다고 하셨습니다. (…) 1980년에 졸업을 하셨으니까 어떻게 보면 가장 격변의 시기에 그런 격변과 깊이 연루된 대학에서 쏙 빠져나가신 거지만, 그 또한 그 격변을 피하고자 해서 피한 것은 아니었다고 할 수 있죠. 하지만 제가 좀 이해가 안 되는 것은 그건 그렇다고 해도 그 때 왜 언론사를 가셨는지, 그런 시절에 언론사에 있을 때 감정은 어땠는지 하는 것입니다.

강준만: 저는 그때 언론사에 들어간 것뿐만 아니라 교수가 될 때까지도 소시민으로서 출세를 지향하는 사람으로 살았습니다. 지금도 그렇고요. 지금 저에게 주신 질문의 기본 전제는 "지금 강준만이가 떠드는

것을 보면, 꽤 사회에 대해 의식이 있고 양심적이었을 것이다"라는 톤입니다. 다시 말해 저라고 하는 사람을 너무 높게 보면서 출발을 하는 거예요. 그러니까 저의 행로가 잘 이해가 안 되는 거죠. 저의 됨됨이를 처음부터 낮춰서 보면 이해 안 될 게 별로 없습니다. (사회학자 김종엽과의 인터뷰, 『1998 REVIEW』 가을호)

잘 다니던 언론사를 그만두고 왜 미국 유학을 갔는지 상세하게 말하는 기록은 찾아볼 수 없었다. 공부를 더 하고 싶어 유학을 선택했다고 말한 것이 전부다. 1983년 미국 조지아대학으로 유학을 가서 석사 학위를 얻었고, 1985년 위스콘신대학교로 옮겨 1988년 여름에 언론학으로 박사 학위를 받고 귀국했다. 미국 중서부의 명문인 위스콘신대학교는 1960년대 미국 학생운동의 중심지로, 진보적 학풍으로 유명한 곳이다. 5년여의 유학 기간 내내 10년치 공부를 했다고 말할 만큼 도서관과 학교 앞 숙소를 오가며 죽어라 공부했다. 공부하는 재미에 빠져 유학 생활 5년 동안 한국에 한 번도 오지 않았다. 골프 같은 것에 눈 돌리지 않았고 박사 학위 받을 때까지 미국에서 LA와 뉴욕 같은 대도시를 가본 적이 없다. 자동차 없이 미국 생활을 했다니 숙소와 도서관만을 오갔다는 말은 과장이 아니라고 봐야 한다. 틈틈이 『우리들의 시각』이라는 이름의 한국유학생 회보와 『미주 중앙일보』, 『미주 한국일보』 등에 고국의 정치 상황에 관한 글을 기고하기도 했다. 유학 시절 식당에서 감자를 깎고 교내 아르바이트를 한 적도 있지만 고학생 같은 유학 생활은 아니었다. 주말이면 비슷한 시기 같은 대학에서 유학하던 이창근, 원용진, 조 흡 등과 밤을 새며 토론하는 것이 거의 유일한 낙이었다.

원래 미국 미디어 정책사를 쓰려고 했지만 중간에 지도교수가 바뀌면서 논문 방향을 틀었다. 처음 지도교수는 레이건 대통령의 연설문 집필자로 집에 성조기를 걸어놓을 정도로 보수적인 인물이었다. 논문 방향과 관련해 몇 번 의견 충돌이 있은 뒤 지도교수로부터 "당신과 나는 이념이 달라 논문 지도를 못 하겠다"는 말을 들었다. 강준만이 유학 시절 어떤 이념적 지향을 갖고 있었는지 짐작할 수 있는 일화라고 할 수 있다. 새로 바뀐 지도교수는 그 학교에 부임한 지 얼마 안 된, 자기보다도 나이가 어린 여자 교수였다. 같은 시기 유학을 했던 전 광운대 교수 이창근은 "강준만이 지도교수의 도움 없이 거의 혼자 힘으로 박사 학위를 얻었다"고 말했다. 박사 학위 내용은 국제 정보 질서에서 미국 정보제국주의의 위험성을 지적하는 내용이었다. 한국의 사례를 미국 이론에 엮어 박사 학위를 따는 사람이 많지만 미국 왔으면 미국 이야기로 학위를 해야 한다고 생각했다. 일종의 정면 승부를 택한 셈이다. 박사 논문을 마친 뒤에도 도서관을 떠나지 않고 『대통령과 여론 조작』이라는 책을 한 권 썼다. 공부한 것 가지고 박사 논문만 쓰기는 아까웠단다.

1988년 미국에서 귀국해 그 이듬해 전북대학교 교수로 부임했다. 전주는 별다른 연고가 없는 곳이었다. 그 학교에 몇 년 근무하다가 기회 봐서 남들이 다 그러는 것처럼 서울에 있는 대학으로 자리를 옮기려고 했다. 부임 초 "교수님도 결국 서울 어느 대학으로 옮기실 거 아니냐"는 제자들의 거듭된 이야기를 듣고서 자신은 그러지 않겠다고 약속했다. 서울에 있는 대학으로 옮기려면 부지런히 사람도 만나고 학회 활동도 하면서 '캠퍼스 정치'를 해야 하는데 그게 영 체질에 맞지 않기도 했다.

강준만의 초기 주 활동 무대는 월간『말』지였다. 1990년 6월호에 「한국 언론과 정보제국주의」를 기고하는 것으로 이 진보적인 잡지와 인연을 맺었고 이후『한겨레신문』등으로 활동 무대를 넓혀갔다. 그렇지만 1995년『김대중 죽이기』가 나오기 전까지 강준만을 아는 사람은 많지 않았다.

결혼은 귀국해서 전북대 부임 직후인 1989년에 했다. 일곱 살 연하인 부인과의 사이에 두 딸이 있는데 저널리즘 공부를 하는 장녀 강지원과 2016년『빠순이는 무엇을 갈망하는가?』라는 책을 같이 썼고, 디자인을 공부하는 둘째딸에게 자신의 책 디자인을 맡긴 적도 있다. 자신과 같은 분야를 공부하는 큰딸을 응원하는 마음으로 지켜볼 뿐 간섭하지는 않는다고 했지만 SNS를 하라고 권하고 자기 같은 글쓰기는 하지 말라고 말한다.

'읽고 쓰는 데 미쳐 지내는 습관' '자료를 악착같이 모으는 습관'은 미국 유학 시절 본격적으로 시작된 것이다.『뉴욕타임스』같은 일간지는 말할 것도 없고 위스콘신 지역신문과 대학신문까지 모았다. 유학을 마치고 귀국할 때 오직 책과 자료, 복사물이 전부인 이삿짐을 보고 세관 직원이 어이없어 했을 정도다. 전북대학교에 부임한 이후에 중앙지와 지역일간지를 포함해 40여 종의 신문을 구독했다. 소속

대학 총학생회 성명서는 물론 단과대학과 학과 학생회 성명서까지 모았다. 한창 때는 책을 사는 데 한 달에 250만 원 정도를 썼다. 국내에서 발간되는 어지간한 사회과학분야 단행본은 거의 다 구입한 셈이다. 전주 시내에 있는 40여 평 규모의 개인 연구실에 2만여 권의 장서를 소장하고 있고, 자료 정리를 돕는 조교를 개인 비용으로 고용한 적도 있다. 미국 콜로라도대학 교환교수로 갔던 2011년 한 해에만 인터넷서점 아마존에서만 1276권의 책을 샀다. 일반서점에서 산 책은 뺀 것이다. 그렇게 악착같이 모은 자료들을 바탕으로 수천여 명의 정치권, 언론계, 학계 인사에 대한 인물 파일을 만들었다. 이 인물 파일은 머지않아 빛을 보게 된다.

▮ 한국 사회를 뒤흔든 「김대중 죽이기」

1993년 도서출판 개마고원 대표 장의덕 앞으로 원고 한 뭉치가 배달되었다. 보낸 사람은 전북대학교 신문방송학과 교수 강준만이었다. 그 때까지 두 사람은 일면식도 없는 사이였다. 원고와 함께 간단한 편지가 동봉되어 있었다. 원고를 읽어보고 책으로 낼 만하면 책으로 내달라, 원고료나 인세는 안 줘도 된다, 출판하게 되면 책이나 몇 권 보내달라는 게 편지의 요지였다. 장의덕은『말』지 등에 실린 강준만의 글을 관심있게 보고 있었다. 관점이 날카롭고 도발적인데다 무엇보다 글을 쉽게 썼기 때문이다. 강준만이 보내온 원고는 몇 달 후『김영삼 정부와 언론』이라는 제목의 책으로 나왔다. 그렇게 도서출판 개마고원과 강준만의 인연이 시작되었다. 강준만은 개마고원 외에도 몇몇 운동권 사회과학 출판사에 비슷한 조건으로 원고를 보내곤 했다. 자기 이름으로 책을 내려는 생각도 있었고, 소규모 사회과학 출판사를 돕자는 마음도 있었다.

1994년 장의덕이 강준만에게 김대중에 대해 글을 써볼 것을 제안했다. 장의덕은 강준만이라면 다른 사람들이 쓰지 못하는 '김대중론'을 쓸 수 있을 것이라고 확신했다. 김대중은 1992년 대통령선거에서 패배한 뒤 정계에서 은퇴한 상태였다. 김대중 정계 복귀가 당시 정치권과 언론의 최대 관심사였다. 강준만은 그 제안에 대해 그리 내켜 하지 않았다. 전라도 사람인 자신이 김대중에 대해 쓰면 누가 그걸 공정하게 썼으리라고 생각하겠느냐, 아무도 공정하다고 믿어주지 않는다, 그래서 안 쓰겠다는 것이었다. 장의덕이 집필을 거듭 제안하자 강준만은 선인세를 달라고 요구했다. 거절의 의사를 우회적으로 표현한 것이었는데 장의덕은 있는 돈 없는 돈 모아서 선인세로 500만 원을 줬다. 당시 개마고원으로서는 적지 않은 액수였다. 수백, 수천 편의 김대중 관련 글 가운데 세 손가락 안에는 들 책의 탄생에는 이런 비화가 있다.

집필에 착수한 지 석 달 정도 후에 강준만이 『김대중 죽이기』 원고를 보내왔다. 원고를 받아 든 장의덕은 무릎을 쳤다. "이거는 틀림없이 터진다." 『김대중 죽이기』라는 도발적인 제목과 김대중의 얼굴을 클로즈업한 표지를 준비하면서 장의덕은 어깨춤이 절로 났다. 성공할 것이라는 확신을 가지고 처음으로 일간지에 5단 통광고를 냈다. 1995년 2월 출판된 책은 장의덕이 예상했던 것 이상의 대박이었다. 사회과학 서적으로는 이례적으로 20만 부 이상이 팔렸다. 강준만은 이 책 인세로 집을 옮길 수 있었고 개마고원에도 큰 도움이 되었다.『김대중 죽이기』성공은 강준만과 개마고원이 함께 손잡고『인물과 사상』출판 등 다양한 도전을 할 수 있는 경제적 밑바탕이 되었다. 돈은 이 책으로 얻은 다른 것들에 비하면 작은 것에 불과했다. 무명에 가까운 지방대 교수였던 강준만은 단박에 전국구 스타로 떠올랐다. 한 인터뷰에서 300권에 가까운 자신의 책 가운데 굳이 한 권을 꼽으라면 이 책을 꼽겠다고 했다. 가장 많이 팔렸기 때문이라고 했지만 이 책을 빼고는 강준만 인생을 설명하기 어렵다.

『김대중 죽이기』는 1990년대의 지식인 사회와 정치권의 '일대사변'이었다. 전혀 다른 시각으로 쓴, 일찍이 들어본 적이 없는 김대중론이다. 유권자들은 언론이라는 창문을 통해 김대중을 볼 뿐이다, 그런데 그 창문은 더러운 때와 의도적인 분탕질로 김대중의 본래 모습을 왜곡한다, 언론이 감시받지 않는 성역이기 때문에 국민들은 그런 실상을 모르고 있다, 그런 의미에서 언론은 가장 먼저 개혁되어야 하는 권력이다는 주장이었다.

마치 흘레붙고 있는 개들에게 차가운 물 한동이를 퍼붓는 듯한 글이다. '전라도'라는 말을 이렇게 당당하고 크게 외친 지식인이 없었고 경상도 사람 당신들 해도 해도 너무 한다고 호통친 사람이 강준만 이전에는 없었다.『조선일보』를 비롯한 언론의 횡포, 지식인들의 위선적인 행태를 고발하고 까부순다. 이 공공연하고 비겁한 음모에 가담

『김대중 죽이기』를 써냈던 즈음 전북대 연구실에서.

하거나 이름을 빌려준 자들의 이름이 실명으로 적시되었다. 거기에
는 보수만이 아니라 진보도 예외가 아니었다. 글 어디에서도 망설이
거나 주저하는 흔적이 없다. 뻔히 알면서도 제대로 말하지 못하고 입
안에서 우물거리기만 하던 이야기를 전라도 목포 출신 전북대 교수
가 꺼내 들었다. 엄청난 '똘끼'로 무장한 사람 아니면 용기 있는 지식
인 둘 중에 하나였다. 이 책이 나온 지 넉 달 뒤 정계에 복귀한 김대중
은 2년 후에 대통령이 되었다.

▌약자들의 대변자를 자임하다

주철환 - 무엇을 꿈꾸고 계십니까?

강준만 - 한마디로 문화권력자라고 할 수 있죠. '시대와의 간통'을 저
지르는 문화 권력이 아니라 진정 '시대와의 불화'로 학연, 지연, 혈연
등 이른바 연고주의에서 누락된 아웃사이더들의 대변자 역할을 하는
문화 권력 말입니다. (주철환과의 인터뷰,『PD저널』, 1997. 10. 30.)

1997년 1월, 도서출판 개마고원과 손잡고 저널룩『인물과 사상』
제1권을 냈다. 저널룩이란 말은 저널리즘journalism과 북book을 합친
것으로 출판을 통해 저널리즘을 추구하겠다는 뜻에서 강준만이 만
든 말이다. 보통 석 달에 한 번씩 나왔지만 출판 시기를 특정하지는
않았다. 현안에 대해 유연하고 기동성 있게 대응하려는 취지였다. 체
제와 내용물은 잡지, 형식은 단행본이었다. 강준만은『인물과 사상』

의 기획을 도맡아 대부분의 지면을 본인의 글로 메웠다. 질은 차치하고 일단 분량 면에서 엄청나게 썼다. 제호 아래 '성역과 금기에 도전한다'는 부제를 붙여 지향하는 바를 분명히 했다. 제1권은 나오자마자 초판이 매진되며 돌풍을 일으켰다. 특집은 '정권교체가 세상을 바꾼다'였다.

책을 받아든 사람들은 어쩌면 이렇게 글을 쓸 수 있을까 놀라고, 이렇게 글을 써도 되는 것인지 반문했다. 환호하는 사람도 있었고 분노하는 사람도 많았다. 『인물과 사상』은 1권부터 5권까지 나오는 족족 베스트셀러 목록에 오르면서 엄청난 화제를 불러일으켰다. 출간 시점이 15대 대선 시기와 맞물리면서 강준만의 영향력은 지식인 사회를 넘어서 정치권으로 확대되었다.

제26권부터 고종석과 김진석이 편집위원으로 참여해 3인 체제로 운영되고 강준만이 정치비평을 중단하면서 성격이 일정 부분 달라졌지만 많은 사람들에게 여전히 『인물과 사상』은 곧 강준만으로 기억된다. 물론 고종석, 진중권, 김동민, 유시민, 김진석, 김욱 등의 일부 외부기고 글도 볼 수 있었다.

강준만은 『인물과 사상』을 통해 『김대중 죽이기』가 우연히 나온 것이 아님을 증명해 보였다. 『김대중 죽이기』에서 선보인 강준만식 글쓰기의 특징은 더욱 확대되고 강화되었다. 선명한 편가르기, 실명 비판이 강준만 글쓰기의 핵심이었다. 이 난폭한 지식인 검투사는 글 쓰는 자들로 하여금 자신들의 글쓰기를 돌아보게 만들었다. 나아가 자신들이 세상을 바라보는 방식이 옳은 것인지 자문하게 만들었다. 그런 의미에서 강준만은 '지식인들의 지식인'●이었다.

1998년 4월에는 『월간 인물과 사상』을 별도로 창간하고 이를 위해 인물과사상사라는 출판사를 설립했다. 광고를 전혀 싣지 않고 구독료로만 운영했다. 주변에서는 저널룩 『인물과 사상』에 집중할 것을 권했지만 하고 싶은 말, 쓰고 싶은 글이 너무 많았다. 토해내지 않으면 견딜 수 없는 분노의 힘이 강준만을 지배하고 있었다. 그 분노의 힘으로 강준만은 그가 공언한 것처럼 단박에 '문화계의 권력자'가 되었다. 『딴지일보』, 『대자보』, 『서프라이즈』 등 웹진에서 활약한 김어준, 변희재, 장신기, 최내현, 공희준 등 신진 논객들이 이 잡지를 무대로 성가를 높였다. 그들은 대표적인 강준만 키즈이기도 했다.

김대중 정부가 출범할 무렵, 강준만을 KBS 사장 후보로 추대하자는 운동이 벌어진 적이 있었다. DJ 정권 내부에서도 그 방안이 진지하게 검토되었다. 이 운동을 주도하던 사람들은 『인물과 사상』을 사랑하는 사람들의 모임이라는 말의 약칭인 '인사모' 회원들이었다. 당시 300여 명 정도였던 인사모 회원 중에는 진중권, 서 민, 변희재 등도 있었다. 인사모 회원들은 언론개혁의 상징성, 방송 전문성, 참신성 등에서 강준만만한 적임자가 없다는 논리를 내세웠다. 강준만은 나를 가장 잘 안다고 할 수 있는 인사모 회원들마저 자신을 이렇게 모를 수 있느냐며 격한 알레르기 반응을 보였다. 본인의 강한 고사로 '강준만 KBS 사장'은 실현되지 못했지만 당시 문화계와 시민사회 안

● 이 표현은 고종석이 강준만에게 붙여준 칭호다.

에서 강준만의 위상을 상징적으로 보여주는 일이었다.

▌ 실명 비판, 토론과 논쟁 그리고 보상과 문책

강준만의 글에는 익명의 그늘이 없었다. 어떤 사람도 모某 씨랄지 A씨니 B씨니 하는 가면 아래 숨을 수 없었다. 강준만은 위선 자들의 이름을 정확히 박아가며 글을 썼다. 기존의 룰은 무시하고 새 로운 룰을 만들었다. '실명 비판'이라는 룰이었다. 유학 시절부터 꾸 준히 준비한 인물 파일이 강준만의 비장의 무기였다. 당신이 언제 어 디에서 이렇게 말하지 않았느냐고 따져가며 사람을 몰아붙였다. 냉 정하다 못해 비정한 검객이었다. 비판 대상의 가슴팍 한가운데를 노 렸고 깊이 찌르기를 주저하지 않았다. 콜로세움 격투장에서 피를 본 관객들처럼 독자들은 흥분하고 열광했다.

할 말은 하되 좀 더 세련되게 할 수 있는 거 아니냐, 그러면 더 설득 력 있게 들리지 않겠느냐는 조언을 자주 들었지만 그 말에 귀 기울지 않았다. 분노에 의한 글쓰기를 하다 보니 냉정한 상태에서는 글이 나 오지 않는다고 말하던 시기였다. 모욕받아 마땅한 짓을 했으면 모욕 당해야 하고 상처받아 마땅한 짓을 했으면 상처받아야 한다는 것이 다. 지금까지는 그런 문화가 없어 조금만 실명으로 비판해도 10대 소 녀들처럼 상처받는다는 것이다.

『인물과 사상』제1권 뒤표지에는 '토론과 논쟁' 그리고 '보상과 문 책'이란 제목 아래 다음과 같은 글이 써 있다.

'출판의 언론화'를 지향하는 이 책은 여러가지 이슈를 비교적 짧게 동시에 다룰 수 있는, 즉 잡지식의 책이되 기본적으로 '1인 저널리즘'이다. 이 『인물과 사상』 시리즈는 매우 다양한 인물들을 다루게 될 것이다. 그들의 과거를 예찬하거나 단죄할 건 하되 세계를 바라보고 미래 지향적으로 나아갈 것이다. 이는 민주사회 구현의 기본이라 할 토론과 논쟁을 활성화하는 동시에 진정한 정의사회 구현의 밑바탕이라 할 보상과 문책에도 보다 관심을 기울이자는 뜻에 다름 아니다.

'토론과 논쟁' '보상과 문책'에 대한 소신은 그 이후에도 강준만의 글 곳곳에서 찾아볼 수 있다.

정당한 타도, 응징, 적발의 언어라도 그 대상자가 모욕으로 느낀다면 할 수 없는 게 아닐까요. (…) 적을 전혀 만들지 않으면서 무난한 처세술로 모든 사람들로부터 좋은 소리를 듣는 분들에 대해 다시 한번 생각해보자는 겁니다. 그런 풍토를 바꾸지 않는다면 누가 모나게 굴려고 하겠습니까? 모나게 구는 것에 대한 사회적 보상도 있어야 하는 것 아닐까요? (…) 비판의 무풍지대에서 평생을 살아오신 분들이 아주 작은 비판 하나에도 모욕을 느끼고 상처를 받을 수 있다는 건 인정합니다. (…)
그런 풍토를 바꿀 때가 되었다고 생각한다면, 저의 비판 행위는 좀 달리 볼 수도 있지 않을까요? 문제는 상처를 받느냐의 여부가 아니라 그것이 얼마나 정당한가 하는 게 아닐까요? (『월간 인물과 사상』, 2000년 10월호)

자신의 글은 타도와 응징이 목적이라고 했다. 글이라는 게 대화와 소통을 위한 것 아니냐는 지적에 대해 그렇지 않은 글도 있는 거 아니냐고 퉁명스럽게 대꾸했다. 우아하고 세련된 글쓰기로는 악을 응징하기 어렵다는 것이다. 최선이 아니면 차악이라도 선택해야 한다고 말할 때 이상주의자가 아닌 현실주의자의 면모가 드러났다.

최악의 세력이 헤게모니를 누리고 있는 사회에서 '최악'을 '최선'의 방법으로 깰 수 없다는 건 상식이라고 생각합니다. (…) 의식깨나 있다는 지식인들이 팔짱 끼고 구경하면서 저의 차선이 최선이 아니라는 점만 지적하는 등 자기들의 균형 감각을 과시하는 '티내기'(또는 차별화)에만 몰두하는 게 화가 납니다. (『월간 인물과 사상』, 2000년 10월호)

성역으로 여겨지던 곳에 난입했고, 금기라고 하면 더 덤벼들었다. 거칠게 선빵을 날렸다. 반격의 기회는 얼마든지 보장했지만 의례적인 인사 같은 것은 없었다. 실명 비판 대상에는 진보/보수와 좌/우의 구별이 없었지만 진보, 좌파, 자유주의적 지식인들을 더 문제 삼았다. 백낙청, 김우창, 이어령, 김용옥, 유홍준, 이문열, 김동길 등이 이 젊은 검투사형 지식인 앞에서 목을 길게 늘여야 했고, 『조선일보』, 서울대, 『창작과 비평』, 참여연대, 『한겨레』가 강준만에게 잘근잘근 씹혔다. 성역일 수 없는 자들이 성역으로 자처하는 것을 조롱했고 그들의 천박함에 침을 뱉었다. 성역에 들어가려면 머리 빗고 몸을 씻고 의관을 단정히 하고 고개를 조아릴 생각부터 하는 사람들이 보면 강준만의 행태는 난입이자 난동이었다. 강준만의 '지적 활극'을 통쾌하게 보는 이들이 적지 않았다. 강준만은 자신의 글에서 정치적인 의도와 함께 비판 대상자를 향한 호/오의 감정을 뚜렷이 드러냈다. 참을 수 없는 분노가 글 곳곳에서 느껴졌고 그것을 숨기려 들지 않았다.

그렇다. 바로 교활함이다. 나는 이문열씨를 표현할 마땅한 단어를 찾지 못해 고민했는데 (이씨를 교활하다고 한) 김명숙씨의 글을 보고 손뼉을 쳤다.

이인화는 홧김에 오입하나 (…) 그에겐 영웅 콤플렉스뿐만 아니라 촌놈 콤플렉스도 있다. 그는 촌놈 출신으로 어린 나이에 크게 출세했다.

잡글에 대해 그리 자학하지 마십시오. 손(호철)교수님의 글은 논문도 잡글 식이던데 뭘 그러십니까?

"(임지현은) 참 큰일 낼 사람이다. 더 큰일 내기 전에 따끔하게 손을 봐야겠다." (2000년 10월, 『신동아』 인터뷰에서 재인용)

이진우가 강준만의 글쓰기는 "비판적 반성의 계기보다 싸움 구경의 흥미만 유발한다"고 말한 것이나 홍윤기가 "강준만은 타도나 응징이나 적발이 아니라 모욕에 너무나 많은 지면과 정력을 소모하고 있다는 지적을 받았다"고 말한 이유를 알 수 있다. '초기' 강준만에 공감하는 사람들 중에서도 이런 글쓰기 방식에 대한 우려를 제기하는 사람들이 없지 않았다.

"강준만 교수의 글쓰기 방식이 재고될 필요가 있지 않은가 하는 생각이다. 목적이 토론과 논쟁이라면 글쓰기 방식은 수단이다. 하나의 수단이 목적 달성에 효과적이지 않을 때에는 다른 수단을 강구하는 것이 합리적일 것이다. 그럼에도 불구하고 계속 현재의 글쓰기 방식을 고집한다면 애초의 목적을 희석시키는 결과만을 가져오고 말 것이다. 다시 말해 토론과 논쟁이 아니라 자위에 그치고 말 위험성도 있는 것이다."(채백, 「강준만의 〈인물과 사상〉에 관한 몇 가지 생각」, 『저널리즘 리뷰』, VOL 24, 1998)

그런 글쓰기는 차별화 전략이기도 했다. 그렇게 거칠고 도발적으로 말하지 않았다면 강준만이란 이름도, 문제의식도 대중들에게 알리기 어려웠을 것이다. 그 차별성이 지난 1990년대 이후 지식인 사회만이 아니라 대중들에게 강준만이라는 이름 석 자가 뚜렷하게 각인된 이유다.

그 무렵 강준만은 논쟁에 목말라 있었고 논쟁을 좋아했다. 바람직한 논쟁은 쟁점이 분명해지고 서로의 논리가 선명해지면서 서로가 동의할 수 있는 것과 동의할 수 없는 것을 찾아내고 그를 바탕으로 해법을 찾아가는 것이 이상적이지만, 글로 싸우는 일이 늘 그랬던 것은 아니다. 사실 그런 싸움은 그리 많지 않았다. 강준만의 논쟁은 결코 우아하지 않았고 마치 룰 미팅에 실패한 이종격투기 같은 방식으로 진행된 경우가 더 많았다. 서울시장 후보를 둘러싼 진중권과의 이른바 옥-석 논쟁, 손호철과의 이념-인격 논쟁, 유시민과의 열린우리당 창당 논쟁, 안티조선운동과 관련돼 벌어진 원고망명사건 등은 그 치열함에 비하면 결과는 그리 긍정적이라고 하기는 어려웠다. 안티조선운동을 두고 벌어진 임지현과의 논쟁은 거의 욕설 수준의 막말 공방이었다. 문단 권력을 두고 벌어진 남진우 등과의 논쟁 역시 잃은 것은 많고 얻은 것은 거의 없었다.

강준만은 논쟁을 할 만한 사람이 못 된다는 일부의 부정적인 인식은 그 과정에서 생겼다. 말을 섞을수록 저 자를 키워 주기만 할 뿐이니 굳이 상대할 필요 없다는 식으로 대응한 이른바 '주류 지식인'들에게도 책임이 적지 않지만, '게릴라 지식인' 강준만 역시 어떻게 싸우는 게 효과적이고 생산적인지 고민이 부족했던 것도 사실이다. 주류의 반격은 시차를 두고 천천히 은근하고 끈질기게 몇십 년에 걸쳐 진행된다. 단 한 방으로 강준만을 때려 누이려는 것이 아니라 천천히 말려 죽이자는 데 우리 사회 주류라고 불리는 이들은 암묵적으로 합의한 것처럼 보였다. 그 눈에 보이지 않는 공모에는 진보와 보수의 구별이 없었다.

▋ 새로운 시대, 새로운 문법으로 말하던 지식인

강준만은 어느 날 난데없이 화염병을 들고 거리로 뛰쳐나온 사람 같았다. 운동권 출신도 아니고 시민단체와 연결고리도 없었다. 1980년대 거의 전부를 미국 유학생으로 보냈다. 학부는 경영학을 전공하고 석·박사 과정은 미국에서 저널리즘으로 공부했으니 국내에는 학연이라고 할 만한 게 없었다. 학연에 기댈 것도 없었지만 학연에 매일 것도 없었다.

강준만이 미국에서 귀국한 그 이듬해인 1989년, 지구촌을 양분하고 있던 현실사회주의가 무너졌다. 지식인들에게 자신이 알던 세상의 절반이 무너지는 충격이었다. 국내에서는 문민정부의 '역사 바로 세우기' 작업이 진행되었다. 전직 대통령 두 명이 내란과 군사반란의 주모자로 법정에서 단죄되었다. 수천 억원대의 대통령 비자금이 검찰 수사와 법원의 심판 대상이 되었다. 식자들이 극도의 혼돈과 방황의 시대라고 개탄하고 있을 때 한국은 1995년 OECD에 가입하며 선진국의 문턱에 들어서고 있었다.

그런 격변의 시대에 가장 굼뜬 반응을 보인 것이 지식인 사회였다. 민주와 독재, 자본주의와 사회주의 대결이라는 틀을 통해 세상을 봤던 지식인 사회는 이 두 축이 무너지면서 방향을 잃었다. 현실사회주의 체제가 자신들의 눈 앞에서 무너지고 있을 때도 그 의미를 제대로 파악하지 못했다. 지식인들은 일종의 관성에 사로잡혀 있었다. 제일 많이 알고 있다고 자부했지만 사실은 가장 늦게 깨달은 사람들이었다. 자신들이 예전에 했던 말들이 자신들을 가두고 억누르고 있었다. 새로운 문법과 시각으로 새로운 이야기를 할 사람이 필요한 시점이었다.

"우리가 돌아왔을 때 저널리즘 분야에서 이른바 비판이론에 대한 관심이 많았어요. 그러니 어떻게 보면 강준만 교수나 원용진 교수 같은 분은 시대 흐름을 잘 탔다고 할 수 있지요. 타이밍이 잘 맞았으니까. (⋯) 운이 좋았다고도 할 수 있지만 그런 것보다는 워낙 노력을 하는 사람이에요."(이창근 광운대 명예교수)

강준만은 미국에서 학계의 최신 흐름인 비판저널리즘 이론을 공부하며 실력을 키웠다. 1980년대 미국에서 거리를 두고 한국 사회를 객관적으로 관찰하고 분석할 수 있었다. 전북 전주에 자리 잡아 연구와 집필에 몰두할 수 있었다. 서울이었다면 번다한 사회적 관계 맺기에 발목이 잡혔을 것이다. 비주류의 조건을 두루 갖추었지만 그 조건을 강점으로 만들 줄 알았다. 거기에 타고난 반골에 다혈질이었다.

1990년대는 불온한 행동이 허용되고 불온한 도발이 예찬 받는 시대였다. 1987년 민주화를 통해 사회 곳곳에 자유로운 공간이 생겼고 그 공간에는 변화와 개혁의 유증기가 가득 차 있었다. 누군가 거기에 불꽃을 들이대기를 기다리고 있었다. 〈난 알아요〉를 외친 서태지가 예능계를 뒤흔든 것처럼 다양한 문화게릴라들이 출몰했다. 1970년대와 1980년대 우리 사회를 뒤흔들었던 운동권은 스스로의 몸에 불꽃을 당기며 투쟁 수위를 극한으로 끌어올렸지만, 지금 돌이켜보면 그것은 저항의 마지막 잔광 같은 것이었다.

1990년대 후반부터 2000년대 초반 한국 사회 역동성은 정점에 이르렀다. 한국전쟁 이후 최대의 국가 위기였던 IMF 구제금융 사태를 비교적 단기간에 극복했다. 달동네가 사라지고 그 자리에 아파트가 들어섰다. 서울 한복판에서 시위가 보장되었고 대통령 탄핵이라는 전무후무한 정치적 갈등이 헌법재판소 결정으로 정리되었다. 김대중에 이어 노무현이 기적같이 대역전을 이루며 정권 재창출에 성공하면서 진보 세력은 절정의 위상을 자랑했다. 금강산 관광과 사상 최초 남북 정상회담을 비롯해 남북관계가 급변하고 있었다. 서해에서 남북이 포격을 주고받는 상황에서도 동해에서 금강산으로 향하는 관광선 운항은 계속되었다. 월드컵 4강 신화와 광장을 붉은색으로 뒤덮은 붉은 악마의 응원은 전설이 되었다. 어렵다 어렵다 하면서도 경제적으로 선진국의 문턱을 넘어서고 있었다.

훗날 역사가들은 그 시절을 대한민국이 공동체로서 신화를 써간 마지막 시기로 기록할지도 모르겠다. 이미 적지 않은 사람들이 '좋았던 옛 시절'로 기억하고 있기도 하다. 실제로 많은 사람들이 자신의 삶이 좋아지고 있다는 것을 피부로 느낀 시절이었다. 국민소득 1만 달러, 2만 달러를 돌파하고 중산층은 물론 서민들도 폭등하는 아파트 값에서 성취를 느꼈다. 자신이 누리는 정치적 권리가 주어진 게 아니라 쟁취한 것이라는 자부심이 사람들 얼굴에서 느껴지던 시절이었다. 아무리 강한 권력도 5년을 넘기지 못한다는 것을 경험으로 배웠다. 그 시절 한복판에 강준만이 있었다.

3장

언론과의 싸움은
권력과의 싸움

▌진실 앞에 중립은 없다?

언론학자 강준만은 두 번 언론과 싸웠다. 첫번째는『조선일보』, 두번째는 MBC와 싸웠다.『조선일보』는 보수, MBC는 진보의 상징이다. '보수'『조선일보』를 공격했던 사람이 '진보' MBC을 비판하는 것을 두고 강준만이 진보에서 보수로 변신한 증거라고 보는 사람도 있다. 두 언론사는 서로 다른 이념적 지향성을 가지고 있지만 한국 사회에서 막강한 '권력'이라는 공통점이 있다. 강준만의 언론 비판은 '권력과의 전쟁'이었다. '권력'에 대한 항의와 비판이라는 차원에서 봐야 싸움의 본질이 더 잘 보이고, 무엇보다 '강준만'이 어떤 사람인지 잘 보인다. 먼저 MBC와의 싸움을 살펴보자.

몇 년에 걸쳐 집요하고 맹렬하게 진행된 안티조선운동에 비하면 MBC에 대한 강준만의 공격은 상대적으로 관심을 덜 끌었다. 월간『신동아』에 이 공영방송을 공격하는 연재물을 실었을 때도 반향은 별로 없었고,『MBC의 흑역사』라는 자극적인 제목의 책을 냈을 때도 반응은 밋밋했다. 강준만의 책이 나올 때마다 늘 그랬듯이 진보는 별 관심 없다는 투였고 보수 역시 진보 논객 강준만이 진보 MBC를 공격했다는 1회성 기사로 다루었을 뿐이다. 강준만이 도발했지만 거기에 MBC가 조직적으로 대응하지 않았으니 사실 전쟁이나 싸움이라는 표현도 적절치 않다. 강준만의 책이 나온 뒤 석 달쯤 후에 전 MBC 사장 박성제가 쓴『MBC를 날리면』에서도 강준만에 대한 언급은 거의 없다.

MBC는 특유의 고난과 투쟁 서사를 가지고 있는 언론사다. 1987년 이후 이 언론사의 역사는 언론자유를 쟁취하려는 투쟁의 역사이고 그런 투쟁을 통해 정권도 함부로 할 수 없는 권력이 되었다. 거기 구성원들이 자신들의 회사를 "우주에서 가장 좋은 직장"이라고 자부하는 것은 월급이나 복지, 사회적 평판만이 아니라 그 투쟁과 저항의 역사 때문이다. 이 과정에서 MBC에는 '저항과 투쟁, 진보의 DNA'가 생겼다.

이명박·박근혜 보수 정권 시절 공영방송 안에서 정의와 불의는 선명하게 갈리는 것처럼 보였다. 일터에서 쫓겨난 사람들은 탄압받는 약자들이었고 경영진은 피도 눈물도 없는 강자였다. 최승호, 박성제, 이용마 등 6명이 해직되었고 그들은 거리에서 싸우는 민주투사들이 되었다. 수십 명의 기자들과 피디들이 방송 현장에서 쫓겨나 외진 곳에서 눈물을 삼키며 한을 키웠다.

어떤 이들은 핍박 속에서 마음과 몸이 허물어졌다. 해직기자 이용마는 몹쓸 병을 얻어 투병하다가 유명을 달리했다. 괴물과 싸우면서 괴물을 닮아가는 경우도 있었다. 강준만이 『MBC의 흑역사』 맨 앞부분에 적은 비노조원 여성에게 입에 담을 수 없는 말을 했다는 한 노조원의 사례는 그런 경우일 것이다. 그 때 역시 MBC 흑역사 시절이었다.

그 이후 정권이 보수에서 진보로 바뀌었고 핍박 받던 사람들이 개선장군처럼 돌아왔다. 공영방송은 정치적 중립지대에 있어야 한다고 주장했던 해직 언론인 최승호가 사장 자리에 올랐을 때 새로운 공영방송에 대한 기대가 적지 않았다.

"한국 현대사에서 보수 세력은 언론장악과 동의어였기 때문에 언론자유를 추구하는 세력은 그동안 보수에 대한 정치적 반대를 할 수밖에 없는 상황이었다. 그러나 이제 공영방송 지배 구조 개혁의 과제를 달성하기 위해서는 정치적으로 독립적인 자세를 갖고 보수적 성향의 국민들도 설득하여 이를 추진하는 것이 절실한 상황이다. 선진 공영방송들이 그러하듯 이제 공영방송을 정치적으로 중립된 지대에 놓아야 한다."(최승호,『실천문학』, 2013년)

그렇지만 기대는 기대로 그쳤다. 최승호가 사장이 된 이후 파업에 가담하지 않은 80여 명의 기자들이 방송을 할 수 없는 자리로 쫓겨났고 임기가 다 되지 않은 특파원들이 소환되었다. 직전 보도국 수뇌부가 중계차 관리 업무에 투입되었다. 이 조치를 주도한 이들은 적폐청산이라고 했지만 우리들이 모욕 받은 만큼 너희들도 당해보라는 한풀이로 보였다. 개인 비리를 저지른 사람들도 포함되었지만 19명이 2017년 이후 해고되었다. 강준만의 말처럼 "정치 권력에 의해 결정된 구조적 상황에서 을z에 지나지 않은 방송인들끼리 서로 탄압을 주고받은 일"이 MBC에서 벌어졌다.

정권이 바뀔 때마다 공영방송 안에서는 피바람이 분다. 시청자들에게 매일 얼굴을 보이던 뉴스 진행자들이 그동안 고마웠다는 인사도 못한 채 화면에서 사라진다. 지난해 KBS 뉴스를 진행하던 앵커들이 시청자들에게 인사할 기회조차 갖지 못하고 물러난 것은 문재인

정부 시절 MBC에서도 벌어진 일이었다. 메인 뉴스 앵커가 지난 정권 시절 자신들의 보도에 대해 참회록을 낭독하는 모습은 문재인 정권 때는 MBC에서, 현 윤석열 정부에서는 KBS와 YTN에서 벌어졌다.

문재인 정권 시절 MBC가 정치적 중립지대에 있었다고 하기는 어렵다. 보수 정권을 옹호하고 촛불시위를 폄하하던 MBC는 정권이 바뀌고 경영진이 교체되면서 진보 정권을 응원하는 입장을 분명히 했다. '조국 사태' 당시 법무장관 조국을 옹호하는 집회 취재에 드론을 띄워 분위기를 돋운 것을 포함해서 친 조국 집회는 크게, 반 조국 집회는 상대적으로 작게 취급한 것이 단적인 예이다.

"MBC 뉴스가 다시 힘을 회복한 중요한 계기가 '조국 사태 보도'의 차별화에서 비롯됐다는 것은 부인할 수 없는 사실이다. 집회 현장에 나온 시민들이 바라는 것은 무엇이었는지, 그런 요구를 외친 시민들의 규모가 얼마나 되는지 여실히 보여준 것이 결정적 방아쇠였다. (…) 문재인 정권을 옹호하고 진보진영 시청자들의 마음을 사기 위해 조국 수사 보도를 소극적으로 한 것이라고 깎아내리는 시각도 있다. 반박할 가치도 없는 주장이다. '조국 보도' 특히 사모 펀드 관련 보도에서 언론들이 보여준 모습은 분명 심각한 저널리즘 위기였다. 검찰 제공 받아쓰기, 조국 가족 스토킹, 근거 없는 의혹 제기 등의 행태는 우리 언론이 세월호 참사 때보다 나아진 게 거의 없음을 확인시켰다."(박성제, 『MBC를 날리면』, 102~103쪽)

대통령선거를 비롯한 여타 정치 뉴스에서도 MBC는 자신들의 가치를 뉴스에 드러내는 것을 주저하지 않았다. 그것은 민주당과 이재명에 불리한 뉴스는 작게, 국민의힘과 윤석열을 공격하는 뉴스는 크게 취급하는 것으로 나타났다. 드루킹 사건과 관련해 경남지사 김경수에게 대법원에서 징역 2년의 실형이 확정되었을 때 SBS와 KBS는 뉴스 앞머리에 각각 4꼭지로 다룬 데 비해 MBC는 뉴스 중반부에 2꼭지로 처리하는 것에 그쳤다. MBC 내부에서조차 이런 경향에 대해 우려 섞인 의견이 나올 정도였다.

"기자 개개인 그리고 보도국 전체가 공유하는 정서가 특정한 입장과 가치를 추구한다고 하더라도 '공영방송' 뉴스가 특정 정치 집단을 옹호하는 방향으로 비쳐선 안 된다."(「드루킹 댓글 조작과 관련 김경수 보도에 대한 MBC 노동조합 민실위 보고서」, 『MBC의 흑역사』151쪽에서 재인용)

윤석열 정부는 노골적으로 공영방송을 장악하려고 시도했고, MBC의 저항은 더 거세졌다. 특정 정치 진영을 옹호하는 것에서 그치지 않고 자신들이 직접 선수로 나서 권력과 싸우는 것처럼 보일 때도 있다.

"MBC가 특정 정치 진영을 편들고 있는 것처럼 보여지는 면이 있는 것은 사실입니다. 그렇게 보여지는 것은 윤석열 정부와 국민의힘 측에서 MBC를 과도하게 공격하고, MBC는 반박을 하는 과정에서 만들어지는 착시 효과가 상당한 부분을 차지하고 있다고 생각합니다. 저는 MBC가 과거 문재인 정부에 대해 충분한 비판을 하지 않았다는 비판을 받는다면 그 부분은 수용하고 성찰해야 한다고 생각합니다. MBC가 문재인 정부를 충분히 비판했다면 조국 사태 등 그 뒤한국 역사가 비뚤어지도록 한 사태 전개가 좀 달라졌을 수도 있지 않나 하는 반성이 있습니다. 그러나 윤석열 정부에 대한 MBC의 비판이 지나치고 정파적이라는 주장은 받아들이기 어렵습니다. (…) 오늘날 윤석열 정부가 공영방송을 이명박 정부 이상으로 불법적이고 과격한 방식으로 공격하고 장악하는 현실을 볼 때 MBC의 윤석열 정부에 대한 비판이 도드라져 보이는 것은 오히려 MBC가 정상적인 언론으로서 역할을 하는 것을 보여준다고 생각합니다."(전 MBC 사장 최승호, 필자와의 서면 인터뷰에서)

최승호에 이어 MBC 사장을 역임한 박성제의 입장은 한층 더 적극적이고 공격적이다. 박성제는 중립성이나 객관성 같은 피상적이고 비현실적인 개념의 함정에 빠져서는 안 된다고 주장한다. 정확하고 공정한 보도를 넘어서 누가 옳고 그른지 시시비비를 가려줘야 하고 권력을 비판하는 잣대가 올바른지 따져야 된다는 것이다. 한마디로 진실 앞에 중립은 없다는 것이다.

"좋은 언론인은 중립과 객관성의 함정에 빠져서는 안 된다. 시청자와 독자의 판단을 위해 시시비비를 가려줘야 한다. 어느 쪽 입장이 더 진실에 부합하는지 더 합리적인지 더 상식적인지 끊임없이 취재하고 기사에 반영해야 한다. (…) 좋은 언론인이 통제받아야 할 '강력한 규범과 윤리지침'은 무엇일까. 진실 보도를 위한 정직함, 투명성, 용기, 합리성, 그리고 민주주의에 대한 신념 등이 규범과 윤리가 되어야 할 것이다. 중립과 균형, 객관성이 아니라…"(박성제, 『MBC를 날리면』, 199~200쪽)

진실 앞에 중립은 없다는 말은 듣기는 좋을지 모르나 위험천만한 말이다. 특히 공영방송 수장이었던 사람의 말이라면 더욱 그렇다. 어느 한 편을 들고 싶은 유혹을 다스리는 것에서 공영방송은 시작해야한다. 언론학자 강명구의 말처럼 "축구 중계를 해야 할 언론이 선수들의 경기가 마음에 들지 않는다고 경기장 안으로 들어가 스스로 게임을 하면서 중계까지 하는 형국"이 되기 쉽기 때문이다. 공영방송이 정권의 전리품으로 여겨지는 현 상황에서 방송이 정권 따라 논조를 바꾸면 공영방송은 '보수 반동'과 '진보 반동'의 악순환을 피하기 어렵다.

"언론의 기본적인 사명은 권력을 감시하고, 사회적 의사 결정 과정에 필요한 정보를 제공하는 것이다. 그런데 권력 감시 기능이 특정 성향의 정부에 대해서만 작동한다면 그것은 사실상 특정 정치 진영의 대리인과 같은 역할을 수행하는 것이라고 볼 수 있다."(세명대 저널리즘대학원 교수 심석태, 『불편한 언론』, 28쪽)

▍공영방송이 지켜야 되는 것

KBS는 경영진 교체가 이루어졌지만 MBC를 장악하려는 윤석열 정부의 시도는 법원에 의해 번번이 제동이 걸리고 있다. 아무리 권력이 강하다고 해도 모든 것이 뜻대로 되지만은 않는다는 것을 보여주는 이 상황을 진보 진영은 고소하다는 표정으로 지켜본다. 반면 보수 세력은 권력이 바뀌어도 이 공영방송을 장악할 수 없는 현실에 대해 분통을 터트리고 있다.

강준만은 MBC의 저항과 투쟁의 역사와 그런 DNA를 그 누구보다 잘 알고 있다. 현 정권에서 이 언론사가 처해 있는 정치적 상황을 모르지 않지만 강준만은 오로지 '공영방송'이라는 잣대 하나만을 들고 이야기를 시작한다. 강준만에게 지금의 MBC는 오만한 권력일 뿐이다. 공영방송의 본분을 망각하고 구성원들의 정치적 신념과 가치를 시청자들에게 강요하는 권력집단이다.

규칙 없는 패싸움은 모두의 공멸을 부른다. 언론, 특히 공영방송은 만인이 합의한 원칙을 지키는 데에 목숨을 걸어야 한다. 그러나 MBC는 규칙을 지키지 않았을 뿐만 아니라 중립은 나쁘다며 훈계까지 하는 이상한 작태마저 보였다. 그러면 안 된다고 지적하는 사람에게 "너는 누구 편이냐?"고 묻는 게 무슨 의미가 있는가? (『MBC의 흑역사』, 11쪽)

"공영방송을 정권의 전리품으로 이용하는 후진적 작태엔 보수 진영 못지않게 진보 진영의 책임도 있다고 믿는" 강준만 입장에서는 정권이 바뀔 때마다 반복되는 '편협하고 천박한' 싸움에 대해 진저리를 칠 만도 하다. 공영방송 문제에 대한 그간 쌓이고 쌓인 분노가 한꺼번에 터진 게 『MBC의 흑역사』라고 할 수 있겠다.

핍박받는 언론을 잘못 공격했다가 자칫 가해자와 한 편으로 몰리기 십상이라는 것을 산전수전 다 겪은 이 노회한 정치비평가가 모를 리 없다. 그런 부담에도 불구하고 MBC 문제를 정면으로 들고 나온 것은 '방송의 중립에는 좌우가 없다'는 오랜 소신 때문이다. 공영방송의 역할과 기능에 대한 강준만의 입장은 정권이 진보일 때나 보수일 때나 한결같았다. 2006년 10월, 노무현 정권 때 쓴 글을 먼저 보자. 18년 전이다.

1987년 6월 항쟁 이후 방송의 공정성 문제를 둘러싼 갈등이 20년간 계속돼 왔다. 처음 10년간 공영방송 노조는 일일이 세기조차 힘들 정도로 많은 파업을 했다. 개혁, 진보 세력은 방송노조의 투쟁에 뜨거운 지지를 보냈다. 다음 10년은 모든 게 뒤집어졌다. 그간 공정성을 생명으로 여기던 지식인들은 나를 포함하여 모두 약속이나 한 듯이 공정성 문제에 입을 닫았다. 자기들이 원하는 정권이 들어섰기 때문이다. 이제 공정성은 보수파의 신앙이 되었다. (⋯) 공정성이란 무엇인가? 내 맘에 들면 모른 척하고 내 맘에 안 들면 문제 삼아야 하는 그런 것인가? 우리는 언제까지 공정성을 둘러싼 얄팍한 정략 게임을 계속할 것인가? (한국일보, 2006.10.4.)

이번에는 이명박 정부가 들어선 직후인 2008년 쓴 글을 보자.

물론 노무현 정권은 방송을 시민사회에 돌려주지 않았다. 시늉조차 내지 않았다. 노정권 지지자들도 마찬가지였다. 이들은 정권 재창출만 꿈꾸었지, 정권이 한나라당으로 넘어갈 경우에 대비한 제도적 변화를 전혀 시도하지 않았다. 결국 한나라당은 집권했지만, 아직 방송을 장악하진 못했다. 장악을 시도하고 있는 중이다. (⋯) 그 방법이 너무도 졸렬하고 천박하다. 방송 요직을 전리품 취급하는 것도 정도 문

제지, 해도 너무한다. (『지방은 식민지다』, 227~228쪽)

보수 정권이 등장할 때마다 진보 정권이 못한 방송 중립화를 보수 정권의 업적으로 삼으라고 조언했다. 집권자 얼굴은 달라졌어도 보수 정권은 진보 정권이 그랬던 것처럼 강준만의 제안에 귀 기울이지 않았다.

이명박 정권은 방송 중립화를 생각조차 하지 않았던 노정권의 못난 점을 뛰어넘음으로써 역사적 업적을 남기는 동시에 국민적 지지를 받겠다는 발상의 대전환을 해야 한다. 방송을 장악하지 못했다고 분통을 터트릴 것이 아니라, 명실상부한 방송의 중립화 방안을 제시하고 실천함으로써 그렇게 하지 않았던 노 정권을 능가하라는 것이다. (『지방은 식민지다』, 228쪽)

나는 윤정권이 '공영방송 독립'을 대통령 윤석열의 업적으로 삼는 획기적인 발상의 전환을 해야 한다는 제안을 하고 싶다. (…) 지금 우리가 공영방송과 관련해 벌이는 있는 싸움의 질과 수준은 너무도 편협하고 천박하다. 윤석열이 '통 큰 결단'을 내려 공영방송 독립을 자신의 대표 업적으로 삼기를 바란다. 그간 어떤 정권도 그런 의지가 없었을 뿐 그 방법을 몰랐던 것은 아니다. (영남일보, 2023.8.15.)

전 『한겨레』 편집인 김종구가 지난해 인터넷 매체 『프레시안』에 분노에 차서 썼던 긴 글의 제목이 「강준만 교수의 흑역사」다. 김종구는 원고지 60매 분량의 이 글에서 보수 정권 시절 KBS와 MBC 구성원들이 공정방송과 방송의 독립성을 지키기 위해 싸울 때 강준만은 어디 있었느냐고 추궁한다. 오늘의 MBC를 말하면서 2008년부터 2016년까지의 MBC 역사를 『MBC의 흑역사』에서 언급하지 않는 것은 부당한 일이라는 것이다.

"방송 문제에 관한 최근 몇 년간 강교수의 글쓰기 패턴은 명확하다. 방송사에 대한 보수정권의 폭력적 관여에는 침묵으로 일관한다는 점이다. 권력이 우격다짐으로 경영진을 몰아내도, 언론사상 30년 만에 처음으로 대규모 기자 해직 사태가 일어나도, 입맛에 맞지 않는 방송 출연자들이 프로그램에서 줄줄이 쫓겨나도 '큰집 가서 조인트 까졌다'는 방문진 이사장 증언이 나와도, 해직된 이용마 기자가 암에 걸려 투병 끝에 숨져도, 강교수는 아무런 분노도, 안타까움도, 연민도 표시하지 않았다. 누가 글을 쓰지 않는다고 종주먹을 들이대는 것은 일종의 폭력이 될 수 있다. 그 사안에 별로 관심도 없고 할 말도 없다는데 어쩔 것인가. 하지만 명색이 글 쓰는 사람이라면 권력의 부조리한 폭압에 대한 침묵은 그 자체가 편향이다. (…) 방송 수난 시대에 대한 '냉담'은 촛불혁명 뒤 MBC 경영진이 들어서자 곧바로 '분노'로 바뀌었다. 그 '분노'의 결실이 바로 이번 책이다."(김종구, 프레시안, 2023.8.10.)

최승호는 공영방송 개혁 문제와 관련해서는 강준만의 입장을 이해하는 부분도 적지 않지만 강준만의 책에 대해서는 대단히 비판적이다. 균형을 잃어도 너무 잃었다는 것이다.

"(강준만 교수가 인용자) 시종일관 주장하는 공정성과 중립성이란 양 쪽의 기록을 함께 참고해야 얻어지는 것입니다. 그런 측면에서 강준만의 책은 공정성이나 중립성과는 거리가 멉니다. (…) 그가 '이념 전쟁'이라고 규정한 그 파업에 대해 사법부는 '정당한 파업'이었다고 판결했습니다. 대법원은 '방송의 공정성을 확보하기 위한 방안을 마련하자는 것이 방송사 근로자들의 구체적인 근로환경 또는 근로조건에 관한 사항으로서 쟁의행위의 정당한 목적이 될 수 있다'고 처음으로 판단했습니다."(전 MBC 사장 최승호, 필자와의 서면 인터뷰에서)

강준만은 2017년 『손석희 현상』이라는 책에서 이명박·박근혜 보수 정권 시절 공영방송이 얼마나 망가질 수 있는지 상세하게 보여주었다. 그 시절 'MBC가 30년 퇴보'했다고 적었고 「독립된 나라에서 독립 운동하듯 살아가는 사람들」이라는 제목의 한 챕터에서 MBC와 YTN 해직 기자들의 이야기도 다루고 있다. 암흑기였던 MBC 역사와 그 암흑기를 보내던 사람들의 슬픔과 아픔을 적었지만 그 고통에 깊이 공감했던 거 같지는 않다. 한 MBC 중견 기자는 강준만은 이명박·박근혜 10년 동안 지금 MBC에 갖는 관심의 1/100도 보여주지 않았다며 문재인에 대한 적대감을 MBC에 투사하고 있다고 말했다.

한 공영방송은 몇 년 전 보수 정권 시절로 돌아간 듯하고, 또 다른 공영방송은 핍박을 원동력으로 삼아 '위기상황'을 버티고 있다. 최근에는 방송통신심의위원회가 미세먼지 농도를 '파란색 숫자 1'로 표현한 일기예보를 문제 삼아 법정 제재를 하고 나서는 등 MBC에 대한 제재가 남발되고 있다. 그럴수록 MBC의 저항은 완강해지고 그 논리는 더욱 탄탄해진다. 최근의 MBC의 시청률, 유튜브 조횟수가 보여주는 것처럼 응원의 목소리는 더 커진다. 윤석열 보수 정권에서 잇따르는 MBC에 대한 정권 차원의 전방위적 압박에 대해 강준만은 별로 언급한 바가 없다. 윤석열 보수 정권의 행태도 한심하지만 그것을 이유로 지금의 MBC의 모습을 정당화할 수는 없다고 생각하지 않을까. 강준만이 생각하는 바람직한 방송과 언론인의 모습은 이런 것이기 때문이다.

> 손석희는 언젠가 "우파 사람들은 나를 좌파라고 하고, 좌파 사람들은 또 우파라고 합니다. 중도적인 입장에서 사실에 접근하는 노력을 하다 보니 그런 평가를 받는 거 같습니다."라고 말한 바 있다. 사실 진영 논리에 미쳐 돌아가는 한국 사회에서 어느 한쪽에 치우치지 않으면서 '모든 진실을, 오직 진실을' 다루는 건 쉬운 일이 아니다. 손석희가 그런 일을 완벽하게 해왔다고 결코 말할 순 없겠지만, 그가 끊임없이 그 방향으로 가려고 애써온 건 분명하다. 한국 저널리즘, 더 나아가 한국 사회를 위해 '손석희 저널리즘'의 발전과 확산을 기대한다. (『손석희 현상』, 292쪽)

▌안티조선운동의 명과 암

안티조선운동은 김규항이 말한 것처럼 '자유주의자 강준

만이 발견해낸 운동'으로 '지식인 강준만'의 대표 상품으로 간주되곤 한다. 강준만의 영향력이 극대화된 사건이지만 강준만과 진보 진영 사이에 틈이 벌어지는 단초가 되기도 했다. 이 운동은 당시 한국 사회, 특히 진보 진영의 모습을 극사실적으로 보여준다는 점에서도 의미가 있다.

강준만은 『조선일보』로 대표되는 보수 언론을 한국 사회를 움직이는 핵심 '권력'이라고 봤다. 1987년 민주화 이후 열린 정치적 자유 공간을 이용해 언론은 정치권력도 좌지우지하는 수준으로 커져 있었다. 정치인들은 속된 말로 언론의 밥이었다. 김대중마저 『조선일보』 앞에서 수시로 몸을 낮췄다. 동업자 의식으로 똘똘 뭉친 언론들은 서로를 비난하는 일을 상도의에 어긋나는 일로 치부하고 있었다. 가끔 『조선일보』와 『동아일보』가 누가 민족정론지인지를 두고 자존심 싸움을 벌일 때가 있었지만 그것은 똥 묻은 개와 겨 묻은 개의 싸움처럼 보였다. 신문을 통하지 않으면 자신의 이름을 알릴 방법이 거의 없던 지식인들은 언론의 용병 같은 존재였다. 누구도 언론을 정면으로 비난하지 않았고, 비난이라고 시늉을 내는 글들은 하나마나 한 소리였다.

1998년 11월, 『월간조선』은 「대통령자문 정책기획위원장 최장집 교수의 충격적 6.25 전쟁관 연구」라는 기사를 실었다. 대통령 김대중의 브레인 역할을 하고 있던 최장집의 사상을 문제 삼는 기사였다. 최장집이 법원에 손해배상 청구 소송을 제기하고 『조선일보』가 최장집을 친북주의자로 모는 기사를 실으면서 싸움이 커졌다. 진보 진영은『조선일보』의 도발을 김대중 정부에 대한 공격인 동시에 학문과 사상의 자유에 대한 근본적인 위협으로 받아들이고 '최장집 사건 공동대책위원회'를 만들었다. 이것이 안티조선운동이 태동하게 된 계기였지만 그 이후 싸움은 오롯이 강준만의 몫이었다.

강준만은 이미 1995년『김대중 죽이기』에서 「김대중을 잡아먹고 자란 조선일보」 같은 소제목에서 볼 수 있듯 이 보수 신문을 정면으로 공격했다. 또 저널룩『인물과 사상』을 통해 김대중, 류근일, 조갑제 같은『조선일보』대표 논객들을 한 명 한 명 잘근잘근 씹어주고 있었다. 그런 강준만이『조선일보』와 최장집 싸움을 외면할 리 없었다. 1999년 새해 벽두, 강준만이 "정당한 제 몫 이상의 권력을 누리고 있는"『조선일보』를 향해 정면으로 포문을 열고 나섰다.

'조선일보 제 몫 찾아주기' 운동은 얼마든지 실현가능한 프로젝트입니다. 이미 적잖은 성과를 거두고 있습니다. 이건 정권 교체만큼이나 중요하고 의미 있는 일입니다. (⋯) 그간 저는 제 힘을 너무 많은 분야에 분산해 왔습니다. (⋯) 정치에 관한 글 때문에 너무나 많은 '적'을 만들었습니다. 그런데 그분들은 조선일보 제 몫 찾아주기 운동에 관한 한 얼마든지 같이 연대할 수 있는 분들입니다. (⋯) 저는 앞으로 조선일보 제 몫 찾아주기 운동을 위해서라면 한나라당과도 연대할 것입니다. (『월간 인물과 사상』, 1999년 1월호)

강준만은 최장집 관련 기사를 쓴『조선일보』기자 이한우를 "스승의 등 뒤에 칼침을 꽂은 살인청부업자"라고 표현했다. 이에 대해 이한우는 1억 원의 손해배상 청구 소송을 제기했다.

기세당당하게 출발했고 유시민, 진중권, 고종석, 김동민, 김민웅, 김규항, 손석춘, 김정란 등 이름을 알 만한 사람들이 힘을 보태고 있었지만 역부족을 실감했다. 전쟁을 선포한 지 반년쯤 지난 그해 7월 『인물과 사상』에 "허허벌판에 홀로 남아 미친 놈 발광하는 듯한 내 모습을 보고 놀랐다"며 고립감과 좌절감을 숨기지 않았다. 그해 11월에는 이한우가 제기한 명예훼손 소송에서도 패했다. 법원은 강준만이 이한우에게 700만 원을 배상하라고 판결했다.

바람 앞의 촛불처럼 위태로운 상황에서 진중권과 홍세화가 구원투수로 나섰다. 진중권이 손해배상금 700만 원을 내기 위한 모금운동을 제안했고, 홍세화는 명예훼손으로 나도 고소하라며 연대를 선언했다. 그 일을 계기로 『월간 인물과 사상』 게시판을 통한 논의가 '안티조선 우리모두'의 탄생으로 이어졌다. 『조선일보』와의 싸움이 '강준만의 1인 전쟁'에서 '진보 진영의 전쟁'으로 확장됐다.

안티조선운동은 진보의 리트머스 시험지가 되었다. 이 운동에 가담하지 않는 자는 진보가 아니었고 진보를 입에 올리는 사람치고 이 전쟁에 가담하지 않은 인물이 없었다. 2000년대 들어 안티조선운동은 더욱 확대되었다. 『조선일보』 기고와 인터뷰를 하지 않겠다는 『조선일보』 반대 지식인 선언이 연이어 나오고 '조선일보 반대 시민연대'가 출범했다. 『조선일보』 앞에서 1인 시위가 이어지고 『조선일보』 화형식도 곳곳에서 벌어졌다. 안티조선운동 참가자들은 『조선일보』

지면을 샅샅이 뒤졌다. 기사 한 줄, 사설 제목 하나하나가 검증 대상이 되었다. 1920년 창간된『조선일보』80년 역사가 먼지 한 톨 남기지 않고 탈탈 털렸다.

여기에 정치인 노무현이 본격적으로 가세하고 나섰다.『조선일보』와 이미 악연이 있던 노무현은 대권 후보 릴레이 인터뷰를 거부하면서『조선일보』에 대한 반대를 명확히 했다. 유력 대권 후보인 노무현의 가세는 이 운동에 힘을 불어넣는 것처럼 보였지만 내부적으로는 적지 않은 사람들을 정치적 혼란에 빠트렸다. '민주당 대선 후보 노무현'에 대한 지지 여부를 두고 진보 진영 내 의견이 엇갈렸기 때문이다. 그해 2001년 2월 김대중 정부는 언론사 세무조사를 실시했다.『조선일보』는 사주 방상훈이 구속되고 800억 원이 넘는 추징금을 부과 받았다.『조선일보』를 타깃으로 했던 언론개혁 운동은 보수 신문들로 확대되었고, 조선-중앙-동아일보를 일컫는 '조중동'이란 말이 일반명사가 되었다.

안티조선운동은 곧 진보라는 말이었지만 진보 진영에는 다양한 정치적 스펙트럼이 있었다. '안티'의 범위와 수준, 이 운동의 목표를 두고 서로의 해석이 엇갈렸다.『조선일보』기고와 인터뷰 거부로 충분하다는 사람부터『조선일보』절독,『조선일보』폐간을 주장하는 사람까지 다양한 사람들이 섞여 있었다. 그런 운동에서는 목소리 큰 강경파들이 득세하기 십상이다.『조선일보』는 친일과 독재의 앞잡이 역할을 한 악 그 자체이기 때문에 없어져야 한다고 주장하는 사람들의 목소리가 커졌다.

안티조선운동은 적지 않은 성과가 있었지만 성공이라 하기는 어렵다. 그 신문을 없애버리겠다는 시도가 실패했고 그 신문에 어울리는 만큼의 영향력만 갖게 하자는 강준만의 목표 역시 이루어지지 못했다. 물론 『조선일보』에 친일과 독재의 이미지를 덧씌우는 게 목표였다면 그 목표는 성공했다고 할 수 있을지 모르겠다. 그 신문의 위세가 그리 오그라들지 않았고 그 운동에 밀려 『조선일보』가 자신들의 오류를 반성하지도 않았다. 오히려 현직 대통령을 노무현씨라고 부르며 앙앙지심을 숨기지 않았고 보수 본산의 이미지는 한결 강해졌다.

▌나는 진보와 다른 DNA를 갖고 있는 건가?

강준만은 2001년 7월 현재의 안티조선운동과 자신은 무관하다고 선을 그었다. 자신의 입장은 『조선일보』가 "그들이 가지고 있는 힘의 크기에 맞는 권한만 행사하도록 만드는 것"이라고 밝혔다. 폐간 같은 과격한 주장에 동의하지 않는다는 뜻이었다.

나의 구상과 무관하게, 최근 활발하게 이루어지고 있는 안티조선운동은 내가 의도했던 바를 넘어선 운동이다. 물론 나는 그 운동을 뜨겁게 지지하며 그 운동 주체들에게 무한한 존경심을 갖고 있다. 그러나 내가 그 운동의 촉발에 어떤 영향을 미쳤는지는 모르겠으나 그 운동과 나는 실질적으로 무관하다. (『인물과 사상』, 제19권, 11쪽)

언론의 자유, 표현의 자유라는 관점에서 안티조선운동을 진보 진영에서 진지하게 논의한 적은 없다. 진보라는 이름을 붙일 만한 모든 단체와 인물, 나중에는 정권까지 나서 특정 언론을 그렇게 지속적으로 공격한 것은 세계 언론사에서도 드문 사례다. 당시 『조선일보』에 근무했던 한 인사는 "편집국에 쳐들어와 기자들의 펜을 빼앗는 일과 윤전기를 강제로 멈춰 세우는 것말고는 모든 탄압을 경험했다"고 말했다.

가장 많은 사람들에게 선택 받고 가장 큰 영향력을 발휘하는 신문이라면 그럴 이유가 있었을 텐데 거기까지 생각하는 사람은 많지 않았다. 굴종과 치욕의 역사도 있지만 그 신문 역시 나름의 저항과 투쟁의 역사가 있다는 사실, 그 신문에 몸담았던 언론인들의 언론 자유를 위한 고뇌와 열정에 주목하는 사람들 역시 많지 않았다. 그저 공격하고 비난하는 것으로 족하다고 여기는 사람들이 적지 않았다. 그러면서 그 운동은 방향을 잃고 표류하기 시작했다.

강준만은 그 시절을 거치면서 진보 시민단체의 운동 방식에 회의적인 태도를 보이기 시작했다. 2007년, 언론개혁 세력이 노무현 정권과 결별해야 한다고 주장했다. 노무현 정권과의 불화가 이유였지만 이 발언에서 강준만의 변화가 극적으로 느껴진다.

잘 생각해보자. 조중동에게 '독극물' 등과 같은 극렬한 딱지를 붙여 공격하는 게 옳은가? 조중동에게 인간의 언어가 만들어낼 수 있는 최고의 욕설을 퍼부어 댈수록 조중동 독자들이 뭔가 깨닫는 게 있어 신문 구독을 중단할까? 아니다. 정반대다. 그런 식의 공격은 언론개혁 시도 자체를 희화화할 뿐이다. "아, 저 사람들이 증오와 한 때문에 조중동을 공격하는구나!" 하면서 오히려 편안한 마음으로 조중동을 보게 될 것이다. (『월간 인물과 사상』, 2007년 4월호)

안티조선운동이 한창이던 때에 '나와는 무관하다'고 선을 그었고 '극렬한 딱지를 붙이고 최고의 욕설을 퍼붓는 방식'에 대해 고개를 절레절레 저었다. 수위 높은 언어와 표현을 동원해 상대방을 공격하는 대중운동 방식은 진보의 에너지를 보여주기도 했지만 진보의 반동적인 모습이기도 했다. 안티조선운동이 역사 속의 일로 기록되기 시작한 2016년, 그 운동에 대해 스스로 이렇게 총괄 평가했다.

안티조선운동은 '조선일보'를 비롯한 보수 언론이 '정파적 왜곡'을 일삼는 '갑질'에 조심하는 자세를 보이기 시작했다는 점에선 일정 성과를 거두었지만, 적잖은 부작용도 있었다. 전투성이 지나쳐 많은 사람에게 모욕과 상처를 주었고, 포지티브 운동을 아예 배격할 정도로 네거티브 운동 체질이 굳어지게 만든 결과를 낳지 않았나 하는 생각마저 든다. 나는 이런 결과에 대해 면책될 수는 없다고 생각하며, 그 어떤 비판이든 달게 받을 각오가 되어 있다. 이미 많이 받았지만 앞으로도 계속 받겠다는 것이다. (『미디어 숲에서 나를 돌아보다』, 「신문과 나: 어느 아날로그 인간의 디지털 시대 분투기」 중에서)

자신이 적극적으로 호루라기를 불며 그 방향이 아니라 다른 방향으로 가야 한다고 말했어야 하는 것 아닌가 반성한다고 했지만 자신이 주류 진보 진영과 다른 DNA를 가지고 있다는 것을 그 때 깨닫지 않았을까. 강성으로 치닫기 일쑤인 대중들의 열정, 다른 말로 표현하면 광기라고 표현할 수 있는 정서를 그때 느끼지 않았을까.

4장

나는 광기에
굴복할 수 없다

▌노무현 영전에서 통곡하지 않은 이유

2009년 5월 전직 대통령 노무현이 타계했다. 깊고 검은 허공이 고인을 삼켜버렸다. 2003년 새천년민주당 분당을 계기로 강준만은 노무현과 갈라섰고 두 사람 사이는 회복되지 않았다. 그 비극은, 강준만이 노무현은 물론 그 지지자들과 화해할 수 있는 기회였다. 고인의 영전에서 한 줄기 향을 올리며 그 비극적인 죽음을 슬퍼하는 사람들을 끌어안고 더불어 통곡했더라면 그 동안의 갈등과 미움은 눈 녹는 듯 녹았을 것이다. 세상에 얼마나 더럽고 추악한 놈들이 많은데 그깟 일로 목숨을 끊느냐고 목을 놓아 울었더라면 서로의 가슴 속에 있던 응어리는 흔적 없이 사라졌을 것이다. 노무현의 죽음은 보수 정권의 '잃어버린 10년'에 대한 분노가 불러온 정치적 타살이라고 주장했더라면 강준만에 대한 진보의 '오해'는 깨끗하게 풀렸을 것이다. 그 때 우리들은 '대장' 노무현과 같은 배를 타고 세상을 바꾸려고 했던 동지들이라는 것을 확인했더라면 이후 인생도 사뭇 달라졌을 것이다. 죽음 앞에서 용서하지 못하고 내려놓지 못할 게 뭐가 있을까. 두 사람의 관계를 생각하면 고인과 그렇게 화해하는 것이 자연스럽고 편안한 선택이었다. 그게 세상 사는 도리에도 가까웠다.

강준만은 노무현에 대해서 어떤 부채의식도 없었다. 2004년 스스로 진보에서 퇴출을 선언할 때 줄 것 주고, 받을 거 받고 깨끗이 정산을 마치고 나왔다. 거기에는 개인적인 감정, 인간적인 정리 같은 것들도 포함되는 것이다. 이미 정산을 마친 관계를 다시 회복하고 싶은 생각도 없었다.

강준만은 고인의 영전 앞에서 통곡하는 모습을 보이지 않았다. 노무현 지지자들과 슬픔의 순간을 함께하지도 않았다. 그 죽음에 대해 비통함을 느꼈지만 그렇다고 슬픔을 과장하지는 않았다. 눈물을 쥐어짜지도 않았다. 고인의 비극에 대해 강준만이 고른 표현은 "가슴이 아렸다"라는 짧은 문장 하나였다. 모든 죽음은 애통하고, 슬퍼할 일이지만 죽음으로 모든 것이 해결되거나 끝나는 것은 아니라고 생각했다. 그런 방법은 문제를 해결하는 것이 아니라 문제를 일시적으로 덮는 미봉책에 불과하다고 강준만은 확신했다.

강준만이 노무현의 비보를 접한 것은 2009년 5월『대한민국 소통법』을 탈고한 직후였다. 급히 「노무현 전 대통령은 무엇을 말하고자 했는가」라는 제목의 글을『대한민국 소통법』의 말미에 보론으로 적었다. 전직 대통령 노무현의 영전에 바치는 강준만의 조사弔辭라고 할 수 있다.

이 글에는 단 한 줌의 감상도 묻어나지 않는다. 그런 글이 담기 마련인 고인과의 개인적 인연이나 애상은 어디에도 없다. 오히려 2007년 의사 서홍관이 쓴 글을 여기서 길게 인용하며 우리 사회의 '죽음에 대해 관용하는 문제'를 제기하고 있다.

"우리 사회는 죽은 자를 지나치게 존중하는 사회다. 이런 죽음의 미화에 언론사들의 책임도 만만치 않다. (…) 성숙한 사람이 된다는 것은 자신의 행동에 책임을 지는 것을 말한다. 자신의 잘못이 있다면 처벌과 비난까지 감수하고 반성하는 용기가 필요한 것이고, 만약 부당한 혐의와 비난을 받고 있다면 그에 맞서는 용기 또한 필요한 것이다. 언론에서는 사회적 명사든 연예인이든 죽은 자라고 해서 모든 책임을 면해주고 미화하는 일은 삼갔으면 한다. 자살이 자신에 대한 모든 비난과 억울함을 해결해주는 가장 손쉬운 길처럼 오해되어서는 안 된다."(서홍관, 「누가 죽음을 미화하는가?」, 『대한민국 소통법』, 263쪽에서 재인용)

전국에 설치된 분향소를 찾은 사람이 연인원 500만 명에 이르렀을 만큼 고인에 대한 추모 열기가 뜨거웠던 것을 생각하면 그 시점에 이런 글을 인용하는 것은 본인의 표현대로 몰매를 맞을 수도 있는 일이었다. 그 안타까운 죽음에 대한 추모의 열기가 흐지부지 끝나서는 안 된다는 생각에서 글을 쓴다고 하면서도 죽음을 미화하고 관용해서는 안 된다는 것, 죽음으로 모든 것이 끝나서는 안 된다는 내용의 글을 지우지는 않았다. 역사가로서 '노무현의 죽음을 나는 이렇게 평가했다'는 일종의 알리바이를 어딘가에 적어 둬야 한다는 의무 같은 것을 느꼈던 것은 아닐까.

용기라고 해야 할지 무모함이라고 해야 할지 모르겠는데 확실히 반골 기질이 있다. 대부분의 사람들이 알면서도 그냥 넘어가는 대목에서 호루라기 불면서 일어나 꼭 한마디 한다. 그래야 직성이 풀린다. 사람들이 암묵적으로 공모하는 상황을 견디지 못한다. 정치인 김대중에 대한 이야기가 그렇고, '진보 MBC'에 대한 문제가 그렇고, 안티조선운동에 대한 문제 제기 역시 그렇다. 노무현의 비극을 마주한 상황에서 죽음을 미화하고 죽음으로 책임을 면해주어서는 안 된다는 말 역시 그러하다.

강준만의 이 글은 차분하고 담담하다. 아니 차갑다고 말하는 게 더 정확하다. 글 내용보다는 글 쓰는 이의 태도가 읽는 사람의 간담을 서늘하게 만든다. 글쓰기에 목숨을 건 사람이니 명문에 대한 욕심이 없을 리 없다. 그 순간이 명문이 나올 수 있는 시점이었다. 자신이 한때 존경하고 응원했던 정치인의 비극적인 죽음 앞에서 눈물과 함께 할 말이 폭포수처럼 쏟아질 수 있는 상황이었다. 지지도 뜨겁게 하고, 비판도 매섭게 했던 말 그대로 애증이 겹치는 인물의 죽음을 마주한 직후였다. 그런데 명문, 명문장에 대한 욕심은 물론 개인적인 감상이나 정리 같은 것도 싹둑 잘라버리고 냉정하고 건조하게 글을 썼다. 자신의 신념과 가치를 위해서는 무엇이든 버릴 수 있고 잘라낼 수 있는 사람이라는 생각이 들게 하는 글이다. 그런 상황에서 이렇게 차갑게 글을 쓰는 이 사람이야말로 목숨을 걸고 글을 쓰는 사람이다 싶었다. 글 쓰는 사람이라면 한번은 꼭 읽어봐야 될 글인데 그 글을 반복해서 읽으면 읽을수록 소름이 돋았다. 본론으로 쓴 글 내용을 몇 줄로 줄이면 대략 이런 내용이다.

'죽음을 통해 노무현이 말하려는 것은 무엇이었을까, 정치하지 말라는 고인의 말은 사실은 누구나 정치할 수 있는 세상을 만들자는 메시지 아니었을까, 누구나 정치할 수 있고 정치하기를 권할 수 있는 세상을 만들자는 것 아니었을까, 정치인을 잠재적 범죄자가 아닌 존경을 받는 직업으로 만들자는 것, 그것이 고인이 바란 세상 아니었을까. 이를 위해 구체적으로 중앙정부부터 기초자치단체까지 예산, 인사의 투명성을 확보하고 권력을 시민사회 영역으로 이양하고 인물 중심의 정치를 이슈 중심으로 바꾸자는 것' 등을 제안한다.

고인의 죽음에서 결코 면책될 수 없는 당시 이명박 집권 세력에 대한 추궁은 한 단락에 그친다. 거기에 동원된 표현은 이명박 정권의 '개과천선'이라는 말이다. 고인을 사지로 몰아넣은 자들에 대한 강도 높은 규탄도 있을 수 있고, 나 역시 혹시 그 죽음의 방조자가 아니었을까 되돌아볼 법도 한데 그런 내용은 없다. 권력의 정점에 올랐던 이의 죽음이니 권력과 인생의 무상함을 말할 수도 있을 텐데 그런 이야기도 없다. 그런 것은 다 걷어내고 오직 소통에 대해서만 이야기한다. 건조하고 꺼칠한 문체로 자신이 가기로 한 방향을 잃지 않고 그 길로 간다. 글은 이렇게 마무리된다.

정치인을 존경받는 직업으로 만드는 건 불가능한 일이라고 지레 포기하진 말자. 오래 걸리더라도 그 방향으로 나아가보자. 노 전 대통령이 꿈꾸고 실천해온 것도 바로 이것이 아니었던가. 과거에서 배움과 성찰을 이끌어내지 않거나 못하는 우리의 고질적인 습속은 이제 끝장낼 때가 되었다. 나는 국민들과 원 없이 소통하면서 그들로부터 존경을 누리는 서민 정치인들이 전국 방방곡곡에서 헌신하는 세상을 꿈꾼다. 내가 죽기 전 그런 세상의 조각이나마 노무현 대통령의 영전에 바치고 싶은 게 나의 추모 방식이다. (『대한민국 소통법』, 282쪽)

강준만에게 노무현은 다른 사람으로 대체할 수 없는 특별한 정치인이었다. 1998년 10월『인물과 사상』제8권에「'신뢰의 정치'를 추구하는 노무현 『조선일보』와 지역감정에 도전했던 '무모한' 정치인」이라는 제목으로 노무현론論을 썼다. 저널룩『인물과 사상』에서 김대중을 제외하고는 처음으로 다룬 정치인이 노무현이다.

강준만과 노무현 두 사람은 한 눈에 서로가 같은 유類라는 것을 알아봤을 것이다. 두 사람은 닮은 점이 많았다. 변방 출신으로 우리 사회 주류와는 거리가 멀었다. 누구 앞에서나 당당하고 기죽지 않는 반골 기질과 저항 정신으로 무장하고 있다는 점도 닮았다. '인간 노무현'에게 매력을 느꼈고 '정치인 노무현'을 응원했고 '대통령 노무현'이 성공하기를 누구보다도 원했다. 개혁당이라 불리던 개혁국민정당에 입당해 '노무현 대통령 만들기'에 일조하고 나선 적도 있다. 강준만이 정당에 이름을 올린 것은 그 때가 유일무이하다. 그만큼 노무현에게 기대를 걸었고 그에 대한 응원을 아끼지 않았다.

그로부터 약 3년 뒤 한 인터뷰에서 노무현에 대한 평가를 요구 받았을 때도 강준만의 입장은 그리 달라지지 않는다. 시간이 흐른다고 해서 과거에 대해 쉽게 잊거나 쉽게 용서하지 않는다.

- 말이 나온 김에 노무현에 대해서도 질문하고 싶다. 열렬한 지지자이기도 했고, 비판자이기도 했다.

"그가 죽은 뒤 좀더 거시적인 시각에서 시간적 거리를 두고 그를 보게 된다. 나는 노무현을 정확히 '한국인의 얼굴'이라고 말한다. (그게 무슨 의미냐고 묻기도 전에) 한국 사람의 피에, 민족성에는 아웃사이더의 피가 흐른다. 외세의 침탈과 수탈, 식민지, 미군정과 동족상잔, 개발시대의 디아스포라와 고난에 찬 민주화의 여정 등 역사의 격랑을 한국인들 대부분은 주체가 아닌 아웃사이더로 살았다. 소위 우리 사회에서 성공했다는 사람들에게도 대부분 이런 피가 흐르고 있다. 이 중성의 피가 (…) 노무현의 명암과 부침은 한국 사람들 대부분의 내면 속에 동일하게 반복된다. 엄청나게 뻔뻔한 인간들이 쌔고 쌨는데, 바보같이 그 정도로 죽냐고 통곡할 때의 그 원통함과 서러움의 응어리가 바로 노무현이고 나의 얼굴이다."(이인우와의 인터뷰, 『한겨레21』, 2011.1.23.)

노무현은 한국 진보의 원형질이다. 진보의 성공 가능성이 노무현에게 있었고 실패의 단초 역시 그에게 있었다. 노무현 안에 희망과 절망의 씨앗이 등을 맞대고 있었는데 강준만은 희망의 싹을 먼저 봤고 절망의 씨앗은 나중에 본 셈이다. '역사가' 강준만은 『한국현대사 산책』에서 2000년 이후 10년을 '노무현의 시대'로 규정하면서 그 시대를 다음과 같이 평가했다.

그토록 소통 불능 상태에 처하게 된 건 민주적 훈련의 부족 탓인지도 모른다. 독선적 소신이 존경받던 시절이 너무 길었다. 자신이 누리게 된 새로운 권력의 무게는 의식하지 않은 채 예전에 하던 그대로 내지르고 보는 관성을 고집하면서 수많은 사람들에게 고통과 상처를 주는 비극이 벌어졌다. 한때 같은 길을 걸었던 사람 중에서 그 비극이 비극인지도 모르고 환호하는 사람도 있었고 그런 행태에 환멸을 느끼는 사람도 있었다는 게 노무현 시대의 현실이었다. 역사의 업보치곤 가혹했다. (『한국현대사 산책』, 3권, 389쪽)

▌ '진보의 반동 시대' 문이 열리다

노무현 정권 출범 이듬해 겨울은 기상이변이 잦았다. 2004년 2월 최고 기온이 영상 18도가 넘어 때이른 꽃소식이 중부지방에서도 들렸다. 3월 5일에는 때아닌 폭설이 쏟아져 경부고속도로가 30시간 넘게 마비되는 일도 벌어졌다. 그해 겨울, 날씨만 요란스럽고 변덕스러웠던 것은 아니다. 대한민국 정치권은 말 그대로 천변만화를 겪고 있었다.

집권여당인 새천년민주당 안에서 정권 재창출의 환호성은 오래 가지 않았다. 참여정부가 출범하고 난 뒤 불과 열 달이 되지 않아 집권여당인 새천년민주당은 두 쪽으로 갈라졌다. 친노 집권 핵심세력은 열린우리당이라는 새로운 여당을 만들었다. 자신들이 몸담았던 새천년민주당을 부패하고 지역주의에 기생하는 정당이라며 냉정하게 버렸다.

신당 창당론의 대표 논객은 유시민, 민주당 분당 불가론의 대표 논객은 강준만이었다. 두 사람은 치열하게 싸웠다. 강준만이 이긴 싸움은 아니었다. 그 싸움은 진영 안에서 벌어졌다. 외부의 적보다 내부의 적이 더 무섭고, 외부와 싸울 때보다 안에서 싸울 때 더 치열하고 때로는 더 잔인하다는 것을 보여준다. 강준만은 침묵하지도, 양보하지도 않았다. 그들의 배신을 용서할 수가 없었다.

2004년 3월 "이런 극단적 분열주의에 대해 과거 열렬히 대통령님을 지지하는 책들을 썼던 사람으로서 져야 할 책임이 무엇인지 깊이 생각하고 있다"며 절필을 선언했다. 『한국일보』 지면을 빌린 공개 편지를 통해 노무현에게 이렇게 촉구했다. 사실상 절교 선언이기도 했다.

> 열린우리당은 국민의 정치에 대한 혐오와 저주를 이용해 과거의 민주화 동지들에 대한 사실상의 '인격 살인'을 저질렀습니다. 신당 창당에 대한 생각을 달리 한다고 해서 민주당에 남은 사람들만 어떻게 하루 아침에 반개혁, 친부패, 지역주의 기생 세력이 될 수 있겠습니까. 그들이 느꼈을 인간적 배신감과 모멸감을 생각해 보셨습니까. (…) 지난 수십년간 저질러진 '호남 소외'를 누구보다 더 잘 아실 대통령님께서 영호남 지역주의를 양비론으로 대하는 것도 전혀 옳지 않은 일입니다. (…) 증오와 원한을 만들지 마십시오. 더디 가더라도 화해와 타협을 만들어가면서 우리는 옳은 길로 갈 수 있습니다. (한국일보, 2004. 3. 15.)

노빠 중의 노빠, 노무현 정권 탄생의 1등 공신이었지만 민주당 분당 과정에서 친노 세력의 집중 공격 대상이 되었다. 모든 면에서 자신과 완벽하게 생각이 같다고 생각했던 사람들이 자신을 배신자, 변절자라고 공격했다. 술에 취한 제자에게 입에 담지 못할 욕설을 듣는 봉변을 당하기도 했다. 권력이 도대체 무엇이길래 사람들이 이렇게 변하는 것인지 이해할 수 없었다. '개혁주의자'들의 어두운 면을 너무 많이 보고, 너무 많이 겪었다.

　　유시민식으로 말하면 나도 노무현에 대한 A/S를 해야만 한다는 것이다. 물론 유시민의 A/S와 나의 A/S는 그 방향과 내용이 전혀 다르다. 유시민은 선악 이분법과 격렬한 투쟁을 선호하는 반면 나는 양쪽의 화해와 협력을 주장한다. (…) 나는 그간 달라진 게 없다. 달라진 건 노무현 쪽이지 내가 아니다. (『노무현은 배신자인가』, 머리말에서)

전 서강대 교수 원용진이 필자와의 인터뷰에서 기억해낸 강준만의 그 무렵 모습이 이랬다.

"노무현이 대통령이 되고 난 다음에 초대를 받아서 갔다가 유시민이랑 같이 자리를 했는데 그냥 중간에 나와버렸다고 그런 글이 있었거든요."

필자가 갸웃해서 그런 글이 있었는지를 되물었다.

"그때 초대를 받아서 청와대에 들어갔다가 유시민의 이야기를 들으면서 부아가 나서 그냥 자리에서 일어나서 박차고 나왔다고 그런 이야기를 들은 바 있습니다. 호남에 대한 생각이 적극적이지 않고 아마 그런 것 때문이었다고 저는 기억합니다."

2004년 3월 9일 국회에서 헌정사상 처음으로 대통령 탄핵안이 가결되었다. 한 달 뒤 치러진 4·15 총선에서 열린우리당은 152석을 차지하며 과반수 원내 1당의 자리를 차지했다. 반면 새천년민주당은 선거 전 59석에서 9석으로 줄어드는 참패를 겪으며 몰락했다. 서울 등 수도권은 말할 것도 없고 전북과 광주에서도 단 한 명의 당선자를 내지 못했다. 새천년민주당의 몰락은 '논객 강준만'의 몰락이기도 했다. 그 무렵 강준만 개인연구실 조교로 일하고 있던 김환표는 당시 강준만의 모습을 이렇게 기억하고 있다.

-강준만 교수가 그 때 절필을 선언하고 대단히 힘들어 하던 시절 아닌가요? 혹시 기억나는 모습이 있습니까.

"교수님이 그런 걸 내색을 하거나 그런 분이 아니세요. 그 때 대단히 힘드셨을 거라고 저도 생각을 하는데요, 저도 힘들었으니까요. 출판사(인물과사상사)가 잘 안 되고 책이 안 나가고 그랬으니까요. 대단히 힘든 시기였을 거고요. 그런데 그런 부분들에 대해서 내색을 하거나 그러진 않으셨어요."

-남의 비판에는 별로 신경 쓰지 않는 걸까요.

"아니 왜 신경을 안 쓰시겠어요? 목석이 아닌데. 다른 사람들이 비판하고 그러는데 전혀 무심하거나 흔들리지 않는 사람이 있겠습니까? 그런데 교수님이 공적인 영역과 관련해 다른 사람들을 비판해 오셨으니까 그만큼 당신이 비판 받을 부분이 있으면 비판 받는 게 당연하다고 생각을 하시는 거겠죠."

▋ 스스로를 **퇴출시키다**

『노무현과 국민사기극』이 나온 것은 2001년 4월, 이른바 노풍盧風이 불기 약 1년 전이다. 집권여당 새천년민주당 안에서 이인제 대세론이 거셀 때였다. 노무현 지지율은 한 자릿수였을 때 진보진영의 대표 논객 강준만이 노무현의 손을 들어준 것이었다. 글 쓰는이가 할 수 있는 최대한의 지지였다. 이 책이 이인제의 기세에 눌려 있던 노무현에게 말 그대로 백만원군百萬援軍이었음은 말할 것도 없다. 이 책에서 나온 노무현 평가 몇 구절만 보도록 하자.

노무현처럼 원칙에 충실하면서 그런 현실적 감각을 갖고 있고 화합을 위한 비전까지 겸비한다는 건 쉬운 일이 아니다.

노무현은 당위와 현실 사이에서 적절한 균형감각을 가지고 있다.

노무현의 말은 가슴에 깊이 와 닿는다. (…) 나는 노무현을 제외한 그어떤 정치인으로부터도 이런 아름다운 비전을 들어본 적이 거의 없다.

노무현이 괜히 진보적인 척 폼만 잔뜩 잡으면서 언행일치를 하지 않는 일부 운동권 출신 정치인들과 달리 고뇌 어린 진보적 노선을 현실과 조화시켜 나간다는 것도 긍정적으로 봐야 할 것이다.

나의 생각과 거의 똑 같은 생각을 갖고 있는 사람을 만난다는 것은 이 만저만 반가운 일이 아니다. 그것도 나의 직업과 성격이 전혀 다른 직업에 종사하는 사람들이라면 더욱 그렇다.

새천년민주당 분당과 2004년 총선 이후 노무현을 바라보는 강준만의 시각이 완전히 달라진다. 몇 문장만 인용해보자.

노무현은 예전의 노무현이 아니다. 그는 어느새 어설픈 마키아벨리가 되었다. 조악한 이분법을 휘두르며 자신의 지지세력을 규합하는 선동가가 되었다. 한편에선 과거 그의 지역문제에 대한 진실성, 그 아름다운 도전조차 의심케 하는 발언들이 대통령의 입을 통해 흘러나오고 있다. (『월간 인물과 사상』, 2004년 9월호)

노무현이 저지른 최대의 죄악은 지난 대선 시 기쁨을 공유했던 사람들 사이에 분열과 미움을 조장한 것이라고 생각한다. (…) 솔직히 노무현이 만들어낸 이 엽기적인 투쟁 구도가 너무도 혐오스러워 정치에 대해 영원히 입 닫고 싶은 마음도 있었다. (『노무현은 배신자인가』, 머리말에서)

노무현의 독선과 오만은 감히 내가 따라갈 수 있는 수준의 것이 아니다. 겉으로 드러나는 대인관계에서 고개를 낮추고 겸허하게 행동한다고 겸허한 게 아니다. 속이 더 중요하다. 노무현은 역대 대통령들 가운데 그 누구 못지않게 '독선과 오만'을 갖고 있는 대통령이다. 그게 바로 노무현의 보이지 않는, 가장 큰 적이다. (프레시안, 2004.8.18.)

2004년 총선거를 통해 민심은 열린우리당의 손을 들어주었다. 대통령 탄핵이라는 변수가 있었지만 이미 그 전에 열린우리당 지지율이 민주당을 넘어서고 있었다. 정치인이라면 민심의 판단을 받아들이고 그에 따랐을 것이다. 그런데 강준만은 그런 선택을 하지 않았다. 선거로 드러난 민심을 최종적인 판단자라고 여기지 않은 것이다. 내가 틀리고 당신들이 맞았다는 말을 하지 않았다. 2004년 12월, 누가 옳고 그르고의 문제는 아니었던 것 같다는 말을 남기고 강준만은 진보 진영에서 떠나버렸다.

내가 옳다고 믿는 게 이른바 '개혁'을 지지하는 사람들 절대 다수의 생각과 충돌할 땐 나의 '퇴출'만이 유일한 해법일 것이다. (…) 내가 보기엔 누가 옳고 그르고의 문제는 아니었던 거 같다. 나는, 내 역할은 거기까지뿐이었다고 보는 게 옳다는 쪽으로 내 생각을 정리했다. (『인물과 사상』 제33권, 머리말에서)

- 민주당 분당 과정에서 치어리더를 거부한 이후 변화는 (어떤 게 있었습니까?)

"청중이 없어졌어요. 찾지도 못하겠더라고요. (…) '사람들이 날 믿어 주기 때문에 내가 결을 달리하는 말을 하면 환영은 안 해도 내 말을 생각은 해보겠지' 이러는 순간 끝나는 겁니다." (김종목과의 인터뷰, 경향신문, 2013.6.12.)

그 무렵 강준만은 자기가 설계한 집에서 쫓겨난 건축가처럼 보였다. 내가 옳은 말을 해서 관중들이 환호하는 줄 알았는데 돌이켜보니 관중들이 원하는 이야기를 했기 때문에 환호를 받았을 뿐이다. 군중은 때로는 놀랄 만큼 우매하고 변덕스럽다는 것, 자신이 생각하는 정의와 군중이 생각하는 정의는 다를 수 있다는 것을 그때 알았다. 자기가 리더인 줄 알았는데 치어리더였다. 자신은 일개 졸에 불과했다. 본인의 선택이라고 말했지만 사실은 강제 퇴출당했다. 친노라고 불리던 주류 진보 세력과 그렇게 결별했다. 그것으로 화려했던 '전기 강준만'의 시대도 끝났다.

▌진보와의 틈이 더 벌어진 이유

노무현 정권이 등장하는 2000년대 초반은 한국 사회가 그 유례를 찾기 힘든 열기에 휩싸인 시기였다. 지금으로서는 상상하기 힘든 일들의 연속이었다. 2002년 월드컵 거리응원과 한국 축구의 월드컵 4강 진출은 앞으로 100년 안에 그런 꿈 같은 일이 또 일어날까 싶다. 아웃사이더 노무현이 기득권의 상징 이인제, 정몽준, 이회창을 연달아 꺾고 대통령에 당선된 것도 기적 같은 일이다. 불가능을 가능으로 만들어내는 열기가 한국 사회를 뒤덮고 있었지만, 한편으로는 차가운 머리로 다루어야 할 일을 뜨거운 가슴이 대신하는 일도 있었다. 새천년민주당 분당도 그런 일이었다.

지나간 역사를 돌이켜보면 어떤 일은 그저 지나가는 일이고, 겪을 수밖에 없는 일도 있다. 그런가 하면 피해갈 수 있고 피해갔어야 되는 일을 사람의 욕심과 어리석음 때문에 자초하는 일도 있다. 새천년민주당 분당과 열린우리당 창당은 피해갈 수 있는 일이었다. 강준만은 그 상황을 광기가 지배하는 상황으로 받아들였다.

내게 중요한 것은 한국 사회를 지배하고 있는 그 어떤 광기에 굴복할 수 없다는 것이다. 나의 개인적인 책임 문제를 떠나 이런 상황에서 큰 물결에 부화뇌동하거나 침묵하는 건, 과거 내가 해온 글쓰기가 사기 행위가 아니었다면, 내게는 직무 유기가 될 것이다. (『노무현은 배신자인가』, 머리말에서)

자신이 이길 수 없는 싸움이라는 것을 알면서도 굳이 거기에 맞선 것은 그런 광기에 굴복할 수 없었기 때문이다. 자신을 대통령후보로 만들어준 세력을 같이할 수 없는 세력으로 규정하는 것, 자신을 압도적으로 지지해 대통령으로 만들어준 사람들을 '지역주의자'로 매도하는 것은 도저히 받아들일 수 없는 배은망덕한 일이었다.

나 혼자서 북 치고 장구 친다고 흉보는 분들이 없기를 바란다. 이건 내가 원치 않는 역할이다. 지금 한국 사회를 지배하고 있는 소아병적 광기가 나를 강제적으로 이끌어 낸 것이다. 나의 이런 작업이 현실엔 별 영향을 미치지 못하면서 '역사의 기록'이라는 의미에만 머물러도 좋은 건지 독자들이 판단해 주기 바란다. (『노무현 살리기』, 머리말에서)

열린우리당은 과반 원내 1당이 돼 기세를 올렸지만 그 이후 노무현 정부는 지리멸렬했다. 개혁의 목소리는 높았지만 성과는 별로 없었다. 기대했던 개혁 성과 대신 서울 아파트 가격만 폭등했다. 2006년 12월 열린우리당 지지율은 8.3% 한자리 숫자까지 추락했고, 창당된 지 3년 9개월 만에 역사 속으로 사라졌다. 2007년 대선에서 여권은 가장 큰 표 차이로 참패하며 정권을 넘겨줬고, 그 이듬해 총선에서 진보 진영은 또 참패했다. 친노무현 세력은 폐족을 자처하며 국민 앞에서 무릎을 꿇고 용서를 구했다. 강준만은 2007년 대선과 2008년 총선에서 목소리를 거의 내지 않았다.

서로를 죽일 듯 미워하고 다시는 얼굴 보고 살지 않을 것처럼 굴었던 사람들은 2007년 대선을 앞두고 대통합민주신당이라는 우산 아래 다시 모였다. 사람들은 그 당을 '도로민주당'이라고 불렀다. 그들은 서로를 다시 동지라고 불렀고 국민들 앞에서 서로의 손을 치켜올리며 지지를 호소했다. 정치인들은 이해관계 앞에서 지극히 유연한 사람들이었다. 강준만은 그런 유연함과는 거리가 멀었다. 아무 일도 없었다는 듯이 원래 있던 자리로 돌아올 수 없었고 원수처럼 얼굴을 붉히던 사람들과 다시 만나 환하게 웃을 수 없는 사람이었다. 그런 점에서 강준만은 정치와는 어울리지 않는 사람이다. 고등학교 때 은 사는 강준만에게 "너는 정치는 하지 말라"고 했단다. 은사는 강준만 이 남다르게 뜨거운 피를 가지고 있지만 정치와는 어울리지 않는다 는 것을 간파했던 것이고, 강준만은 그 충고를 잊지 않았다.

김대중을 지키자고 나선 것은 특정 지역 출신이라는 이유만으로 대통령이 되겠다는 꿈까지 막으려는 불합리에 대한 도전이었다. 정 치인의 이중적 태도를 규탄하면서도 정작 그 불합리를 묵인하려는 사람들에게 일갈하고 나선 것이 노무현 지지였다. 『조선일보』를 없 애자는 게 아니라 선거 때 보수 정당을 찍는 사람들은 그 신문을 보 고, 진보 진영을 지지하는 사람들은 진보 신문을 보자는 게 강준만의 주장이었다. 자신의 생각을 말할 때 그 표현의 강도는 셌지만 그 주 장의 본질이 급진적인 것은 아니었다.

'보수 반동'이란 말이 변화에 대한 거부를 넘어 종래의 체제를 고집 하고 이전 시대로 돌아가려는 것이라면 '진보 반동' 역시 자신들의 과 거 행태를 고집하는 폐쇄적 행태라고 할 수 있다. 노무현 시대는 '소 신과 독선' '원칙과 아집'이라는 단어가 사실은 백짓장 하나 차이라는 것을 보여준 시대였다. 되돌아보면 그 때부터 진보의 이념은 서서히 그 빛이 바래기 시작했다.

강준만이 노무현 정권 시대를 '진보 반동의 시대'라고 규정한 적은 없다. 그렇지만 독선과 아집, 상대 진영에 대한 혐오, 권력자가 된 이 후에도 여전히 자신을 피해자로 여기는 자세 등은 '진보 반동'의 명백한 징후였다. 무엇보다 진보는 '우리들이 아무리 못해도 저들보다는 낫다'는 도덕적 우월감을 버리지 않았다. 그러니 같은 일을 해도 상대방이 하면 불륜이지만 내가 하면 로맨스라고 주장할 수 있고 스스로를 돌아볼 필요도 없게 되는 것이다.

강준만에게 노무현과 그 지지세력들은 집권이란 새로운 현실에 맞게 변하지 못하고 투쟁의 시대에 해오던 관성을 고집하는 세력이었다. 진보라는 단어가 결국은 '세상을 바꿔보자'는 뜻이라면 이들은 자신들부터 바꾸고 달라져야 했지만 자신들이 과거에 해오던 행태를 고집하기에 바빴다. '새로움'을 보여줘야 할 때 그들은 '자신다움'을 지키려 애썼다. 그것을 잘하는 일이라고 생각했다.

이윽고 2012년 대선에서 강준만은 『안철수의 힘』을 내며 안철수를 지지했다. 안철수의 '철수'로 강준만의 기대는 허무하게 무너졌다. 킹메이커의 명성에 흠집을 남겼고 친노·친문으로 불리는 진보 진영과의 거리는 더 멀어졌다.

5장

독설에서
소통으로

▎"겸손, 겸손, 겸손 이외에 또 무엇이 있을까요"

2005년 '송건호언론상' 수상자로 선정되었다. 군대 웅변 대회에서 사단장상을 받아 7박8일 휴가를 나간 이래 상을 타본 것은 30년 만이라고 했다. 어지간히 상복은 없었다. 그해 12월, 서울 프레스센터에서 열린 시상식에는 부인과 두 딸을 비롯해 150여 명의 하객이 참석했다. 장영달, 조기숙 등 몇몇 정치인들의 얼굴도 보였다. 10여 개의 꽃다발에 파묻혀 모처럼 파안대소했다. 운전 중에는 책을 볼 수 없다는 이유로 자동차 운전면허증도 따지 않았고, 몇 줄의 글이라도 더 읽으려는 욕심으로 그 흔한 해외여행 한번 하지 않았다. 일년에 하루이틀 국내 가족여행이 가족들에 대한 봉사의 전부였다. 별로 가정적이지 못한 남편에게 한 번도 불평하지 않은 아내에게 수상의 영광을 돌린다고 했다. 다른 사람들의 눈길을 받는 자리에 서는 것을 힘들어 하는 사람인데 그날은 아내와 두 딸까지 그 자리에 함께 한 것을 보면 많이 기뻤던 모양이다.

심사위원장 정경희는 강준만이 "언론 비평의 새로운 장을 열고 우리 사회의 성역과 금기에 도전했다"며 수상자 선정 이유를 밝혔고, 청암언론재단 이사장 이상희는 "성실한 학자, 냉철한 언론인, 열정적 지식인"이기에 충분히 상을 받을 자격이 있다고 말했다. "지난 수년 간 강교수에 대한 찬성, 환호, 격려 뒤에는 반대, 비판, 평가절하가 따라다녔는데, 이 상이 강교수의 활동을 제대로 평가하고 공적을 기릴 수 있는 계기가 되길 바란다"는 이상희의 말은 강준만이 오랫동안 듣고 싶었던 말이다.

송건호언론상 수상은 우리 사회가 '지식인' 강준만의 공적을 인정하고 그에게 예우를 표한 드문 경우였다. 그 한 해 전인 2004년 강준만은 자신의 생각이 개혁을 주장하는 사람들과 다르다면 자신의 퇴출만이 정답이라며 만 8년을 이어온 저널룩『인물과 사상』출간을 마감했었다.『한국일보』,『경향신문』을 비롯해 몇 군데 칼럼 게재도 중단했다. 2007년 저널룩『인물과 사상』이『한국일보』가 꼽은 '우리시대 명저 50권'으로 선정됐고, 같은 해『경향신문』「민주화 20년, 지식인의 죽음」특집 기사에서 민주화 이후 가장 영향력 있는 지식인으로 백낙청, 리영희, 최장집에 이어 4번째로 호명됐다. 2011년 한국출판마케팅연구소 선정 '한국의 저자 300인', 2014년『경향신문』이 선정한 '올해의 저자' 등으로 꼽혔지만 수상 기록은 거의 없다. 상복이 없기도 하지만 우리 사회, 특히 지식인 사회가 강준만에게 유독 야박하게 굴었다는 뜻이기도 하다.

「겸손, 겸손, 겸손 이외에 무엇이 또 있을까요」라는 제목의 송건호언론상 수상 소감이 기록으로 남아 있다.

저 개인적으로 다른 사람의 비판에 대해 속이 상하거나 분노했을 때 그 이유를 잘 뜯어보면 그건 제가 겸손하지 못한 탓이라는 걸 알게 됐습니다. 남에 대한 비판을 권리로만 알고 남의 비판은 의무로 받아들이지 않는 이중성이 문제였습니다. 다른 사람의 허물은 현미경으로

우리 시대의 명저 50 〈47〉 강준만의 '인물과 사상'

두루뭉술 점잔 빼는 익명비판은 가라
성역과 금기를 향한 통렬한 손가락질

강준만

강준만 교수는

양비론 청산한 '죽이기' 시리즈 신선한 충격… 토론·논쟁문화 대혁신

한국일보, 2007. 11. 29, 33면.

관찰하려 들면서 자신의 허물은 망원경으로도 보지 않으려는 독선과 오만이 문제였던 겁니다. 저는 저와 비슷한 사람들이 우리 사회에 많다는 것을 알게 됐습니다. (…) 텍스트 생산자의 오만과 독선은 텍스트를 죽입니다. 겸손으로 무장할 때 다른 사람들을 설득할 수 있습니다. 성실과 용기와 책임감도 같이 생겨납니다. 사회 진보를 위해 애쓰는 사람들의 무기로 겸손, 겸손, 겸손 이외에 또 무엇이 있을까요?

수상 직후 언론 인터뷰에서도 비판할 권리만 생각해서 자신이 오만과 독선에 빠지지 않았는지 반성하겠다고 했다. 혹독한 비난이 아닌 부드러운 호소를 한다고 자신을 변절했다고 생각하지 말아달라고 했다. 변절이란 말을 자기 입으로 언급한 것은 그때가 처음이었다. 돌이켜보면 그 말이 진보 진영에게 보내는 고별사 같은 것이었다. 그 때는 본인은 물론 다른 사람들도 그 말이 이별의 인사라고 생각한 사람은 거의 없었지만 말이다.

▌소통 전도사를 자임하고 나서다

저널룩『인물과 사상』이 문을 닫은 2005년부터 미국 콜로라도대학 교환교수로 떠나는 2011년까지 대략 6~7년은 강준만에게 전기에서 후기로의 '이행기'였다. 이 시기에 한국 근·현대사 33권, 미국사 17권 등 총 50권의 역사책과 몇 권의 대중문화서를 썼다.『한국일보』,『한겨레』,『경향신문』등에 칼럼도 가끔 썼지만 현실 정치와는 거리를 둔 시기였다. 정치비평가보다는 역사가, 교양서 작가라는 직함이 더 어울리는 시절이었다. 1995년부터 2004년까지 약 10년의 '전기'가 맹렬한 참여와 개입의 시간이었다면 '이행기' 6~7년은 역사와 성찰의 시기였다. 역사와 대화하면서 우리 사회 소통의 문제와 진보 진영의 의제, 퇴출로 끝난 자신의 '전기' 활동에 대해서도 깊이 생각했다.

송건호언론상 수상 소감을 보면 '나는 고백한다'나 '참회록' 같은 글이 나올 법도 한데 그런 책은 쓰지 않았다. 어떤 글이 오만했고, 어떤 행동이 독선적이었고, 누구에게 겸손하지 못했는지 고백하는 글은 찾기 어렵다. 현미경으로 들여다본 남의 허물은 무엇이었는지, 망원경으로도 보지 않은 자신의 허물은 무엇인지 구체적으로 밝히지 않았다.

'실명 비판'이 '전기 강준만'의 키워드라면, '소통'은 '이행기 강준만'을 상징하는 말이다. 2009년에 나온 『대한민국 소통법』은 이곳저곳에 쓴 글들을 '소통'이라는 하나의 키워드로 엮고 있다. 그 시절 '소통'은 사회적 화두였다. 불통은 사회 곳곳에서 일어나고 있었다. 반정부 시위를 원천봉쇄하기 위해 경찰 차량으로 시청 광장 일대를 둘러싼 이른바 '명박산성'은 불통의 상징이었다. '성찰과 소통'은 우리 사회가 왜 서로 통하지 못하는가에 대한 질문인 동시에 왜 나는 대중들에게 배척되었는지 묻는 과정이기도 했다.

강준만이 먼저 주목한 것은 우리 사회의 승자독식주의였다. 노무현 청와대 인사수석비서관 정찬용은 "220V에다 110V 코드를 꽂으면 타버린다"며 코드 인사를 공공연히 말했고, 이명박 정부는 진보 세력이 집권한 기간을 '잃어버린 10년'이라면서 보수 정권의 자리 독식을 정당화했다. 보수와 진보 어느 쪽을 따질 것 없이 승자독식을 당연하게 생각했다. 승자독식은 편가르기로 이어졌다. 옳기 때문에 우리 편이 아니라 우리 편이라서 옳은 것이다. 우리 편은 언제나 옳아야 된다고 생각하니 자기 진영 문제가 객관적으로 보일 리 없다. 강준만은 이를 두고 질병이라고 표현하면서 그런 질병은 보수보다는 진보가 더 심하다고 주장했다.

개혁, 진보 진영엔 이상한 질병이 창궐하고 있다. 보수신문들이 비난하는 대상이라면 무조건 껴안고 옹호해야 한다는 질병이다. (…) 보수신문들을 단지 저주의 대상으로 삼다간 부메랑을 맞아 이쪽이 먼저 쓰러진다. (『대한민국 소통법』, 111쪽)

강준만은 진보에 대한 인식은 진보 언론보다 보수 언론이 더 진실에 가깝다며, 진보의 주장에 무조건 동의해야 되느냐고 반문했다. 그때부터 강준만의 내부고발자 역할이 본격화된다.

이래저래 내부비판은 뿌리를 내리지 못하고 있다. 달리 말해 한국정치엔 자기교정 메카니즘이 없는 것이다. (…) 한국 정치는 보수-진보, 여-야를 막론하고 '내부비판'을 금기시하면서 열성 지지자들에 의해 움직이는 정치다. 내부비판은 내부 계파 싸움이 아니다. 독설과 조롱도 아니다. 편가르기를 거부하는 정신이다. 자기정당성을 신앙처럼 확신하면서 남을 향해서만 소통을 외쳐서는 소통의 출구가 열리지 않는다. 그로 인한 사회적 비용은 우리 모두에게 너무 가혹하다. 깊은 성찰이 필요하다. (『대한민국 소통법』, 108쪽)

2007년 대선과 2008년 총선에서 진보 진영은 거듭 참패했다. 2012년 총선과 대선에서도 보수를 이기지 못했다. 선거에서 이기지 못했을 뿐 아니라 그 시기 실시된 대부분의 여론조사에서 진보보다는 보수를 지지한다는 사람들이 많았다.

보수와 진보는 상호 대등한 관계가 아니다. 늘 아쉬운 쪽은 기존 질서의 변화를 추구하는 진보다. 따라서 진보는 '보수의 지혜'를 중시하고 배워야만 성공할 수 있다. 그런데 보수의 지혜 자체를 인정하지 않는 건 물론이고 보수를 경멸하고 혐오하는 게 한국 진보세력의 오랜 관습이었다. (…) 그렇게 해선 결코 성공할 수 없다. 한국의 진보세력이 늘 대중으로부터 외면 받는 이유도 바로 여기에 있다. 소통을 전제로 하지 않는 이념은 쓰레기통에 내던져야 한다는 메시지이기도 하다. (『대한민국 소통법』, 82쪽)

▌나는 당파성을 버렸다

강준만은 1987년 민주화, 늦게 잡아도 1997년 수평적 정권 교체 이후 한국 사회가 근본적으로 달라졌다고 봤다. 더 이상 한국 사회는 독재 권력이 통치하는 '비상상황'이 아니라는 것이다.

　증오상업주의는 비상하지 않은 상황에서 명분, 영향력, 이익의 실현이나 확대를 위해 증오를 주요 콘텐츠로 삼는 정치적 의식과 행태를 뜻한다. 독립투쟁이나 반독재 투쟁과 같은 비상한 상황에서 증오를 동력으로 삼는 건 증오상업주의로 부를 수 없다. 반면 선의에서 비롯된 정의로운 증오일지라도 그것이 비상한 상황에서 나온 것이 아니라면 증오상업주의로 볼 수 있다. (…) 나는 한국에선 1987년 대통령 직선제 실현 이후, 적어도 1997년 반세기 만의 평화적, 수평적 정권교체 이후 비상하다고 볼 만한 상황은 일어나지 않았다는 입장을 취한다. (『증오상업주의』, 머리말에서)

　2011년 미국 콜로라도대학에서 1년 동안 교환교수로 지내면서 강준만은 극심한 미국의 분열상을 지켜봤다. 한국 역시 진영 대립의 문제가 있지만 미국보다는 낫다고 봤다. 한국의 민주주의는 완벽하지는 않지만 그렇다고 반독재 민주화 운동을 말하던 시기는 벗어났다는 게 강준만의 생각이었다. 보수 세력 역시 공존해야 할 공동체의 구성원이지 타도의 대상이 아니다. 이런 생각을 바탕으로 당파성을 버리고 중도로 자리를 옮기겠노라고 선언했다.

　이 책엔 그 어떤 당파성도 없다. 내가 그 어떤 당파성도 갖고 있지 않기 때문이다. 당파성이 없는 게 좋다는 뜻은 결코 아니다. 나 또한 과거에 뜨거운 당파성을 갖고 글쓰기를 했던 적이 있다. 그러나 한국 정치의 가장 큰 문제가 과도한 격정과 그에 따른 극단적 당파성에서 기인한다는 사실을 체험을 통해 절감한 이후엔 '소통'을 역설하는 데에 주력하고 있다. 이 책에 그 어떤 당파성이 있다면 그건 바로 소통을 강령으로 삼는 당파성일 것이다. (『현대 정치의 겉과 속』, 12쪽)

강준만은 자신이 진보의 한 블록을 담당하고 있을 때도 종종 스스로를 '중간파' '경계인'으로 표현했다. 다른 사람과의 연대를 구하지 않으니 언제 어디에 있든 홀로 있는 느낌이었고 소수파의 심정을 그런 단어로 드러낸 것이었다. 그렇지만 중도로 자신의 정치적 좌표를 옮긴다는 말은 전혀 다른 차원의 이야기였다. 진영과 진영 사이의 소통을 말하려니 중도 아닌 다른 곳에는 자리가 없었다.

　- 진보에서 중도로 건너간 게 맞나? 아니면 내용은 진보이면서 소통의 영역을 넓혀간다는 차원에서 중간 영역의 확장이냐?
　"굳이 따진다면 후자이다. 내가 중도로 옮겨간다는 게 아니라, 내가 주장하고 싶은 내용을 더 많은 사람들과 소통하고, 그것을 통해 좀더 바람직한 세상의 변화를 이끌어내 보자는 거다. 낮은 단계의 권모술수라고 해도 좋다. 그렇게 해서라도 대중들에게 내 이야기가 더 다가갈 수만 있다면." (이인우와의 인터뷰, 『한겨레21』, 2011. 1. 23.)

한국사 관련 책에서 좌우 양쪽에서 공격받는 중도파의 고립과 고독의 운명을 몇 군데서 상세하게 적기도 했다. 강준만은 중간파의 약점과 그 이유를 잘 알고 있었다.

해방 정국에서 중간파가 설 자리가 없었던 이유는 무엇인가? 제공할 이익이 없고, 피를 끓게 하는 담론을 생산해낼 수 없었기 때문이다. 한국처럼 '급변의 소용돌이'가 휘몰아치는 사회에서 이익과 공정 분배를 선호하고 피와 열정을 멀리하는 중간파의 운명은 고독과 고립이다.
(『증오상업주의』, 164쪽)

'이행기'를 거치면서 내가 틀릴 리 없다는 생각도 접었다. 살아보니 세상 그렇게 옳은 것도 없고 그렇게 그른 것도 없을 뿐더러 역사를 보더라도 정의와 불의는 그렇게 분명하게 구별되는 색깔이 아님을 깨달은 것이다. 옳음을 다투는 논쟁은 결국 감정싸움이 된다는 깨달음은 글 쓰는 방법을 바꾸겠다는 다짐으로 이어진다.

"남은 인생은 분노, 증오, 그런 따위가 아닌 다른 세계로 가봐야겠다고(생각합니다). 그런데 그 길로 가려니, 글을 사납게 써서는 안 되는 것이더라. 그 길로 가기로 작정하면 글쓰기도 달라져야 하는 걸 알았다. 생각이 바뀌면 문체가 바뀌고 문체가 바뀌면 생각이 바뀌고…."
(이인우와의 인터뷰, 『한겨레21』, 2011.1.23.)

소통과 타협에 대한 강조는 지금까지도 한결같이 계속된다. 듣다 보면 애처롭다는 생각이 들 정도다. 듣는 이 없는 데서 혼자 떠드는 것처럼 보일 때도 적지 않기 때문이다. 강준만의 독설에 상처 입은 사람도 적지 않지만 '너 죽어라'가 아닌 '너 잘돼라'라는 비판을 하려고 했다는 이 말은 믿어도 되지 않을까.

평소 나의 지론이지만, 바람직한 의미의 '타협의 정치'를 위해선 '너 죽어라' 비판과 '너 잘돼라' 비판을 구분해서 평가해 주는 게 필요하다. '너 죽어라' 비판은 상대가 바람직한 방향으로 바뀌기를 바라는 게 아니라 타격을 입혀 망하기를 바라면서 하는 비판이다. 그 반대편에 '너 잘돼라' 비판이 있다. 비판자의 입장에서 비판의 대상에게 어떤 식으로건 도움이 될 수 있게끔 선의의 진정성을 갖고 하는 비판이다. (「이준석의 문제는 싸가지가 아니다」, 『신동아』, 2024년 1월호)

▌진보의 싸가지를 말하다

2000년대 초반, 개인적인 삶에서 겸손하지 않고 열려 있지 않은 사람이 말하는 진보는 신기루, 허깨비라고 말한 바 있다. 2009년 『대한민국 소통법』에서 싸가지 없음의 저항성이 폭력성으로 변질돼 가고 있다고 경고한 적도 있다. 그렇지만 2014년 펴낸 『싸가지 없는 진보』는 선을 넘은 느낌이다. 2003년 진보에서 자신의 퇴출이 논리적인 귀결이었다면 2014년 '싸가지론'은 감정적인 파국에 이른 듯하다. 『싸가지 없는 진보』라는 책은 강렬한 제목이 책 본문을 삼켜버린 대표적인 예라고 할 수 있다. 애써 화를 참아가며 설득하고 호소하던 사람이 끝내 자기 성질 참지 못하고 폭발하는 느낌이다. "우리 나라의 좌파와 진보를 믿지 않고" "조, 중, 동을 저주하면서도 진보 언론을 키우기는커녕 툭하면 진보 언론 절독 운동을 하는 행위야말로 '싸가지 없는 진보'의 진면목"이라는 대목에 오면 강준만의 진보, 특히 진보 대중에 대한 불만이 뿌리 깊다는 생각이 든다.

싸가지라면 사실 강준만도 할 말은 별로 없다. 보수는 말할 것도 없고 진보 진영을 맹타하던 '전기' 강준만의 그 어디에서 싸가지가 느껴졌던가.

> 이런 말에 혹 불쾌하게 생각하는 분이 없기를 바란다. 나의 싸가지 없는 말투에만 주목하다 보면 내 말 가운데 정말 중요한 알맹이를 놓치게 된다. (…) 너무 답답한 나머지 가슴에 북받쳐서 나오는 소리를 싸가지 있게 한다는 건 얼마나 어려운 일인지 잘 아시잖는가. (『노무현과 국민사기극』, 138쪽)

그런 사람이 싸가지란 말을 들고 나온 것은 '싸가지 없는 진보'들에게 질렸기 때문이다. 자신이 직접 경험한 싸가지 없는 진보들에게 질렸고, 민주당을 중심으로 한 이른바 586 운동권의 싸가지 없음에 질렸고, 김어준이 이끌던 '나꼼수'에도 질렸을 것이다. 무엇보다 자기 글에 붙는, 싸가지라고는 눈을 씻고 보아도 찾아볼 수 없는 혐오와 저주의 댓글이 가장 징글징글하지 않았을까.

1989년 전북대학교에 부임한 이후 학생들에게 반말하지 않는 교수로 유명했다. 부인은 물론 딸들에게도 반말하지 않고 심지어 초등학생 딸 친구에게도 존대를 하던 사람이다. 다른 사람들에게 폐 끼치는 것 싫어하고 깍듯하게 예의를 지킨다. 강준만을 실제로 만난 사람들이 공통적으로 하는 말이 겸손하다는 것이다. 본인이 겸손하고 예의를 지키는 만큼 남들에게도 그런 것을 기대하지 않겠는가. 한마디로 평소에 싸가지를 중시하던 사람이었다.

이익으로 뭉친 보수는 아무리 정치 혐오가 극심해도 그 정열이 쉽게 사그러들지 않지만, 이념과 가치로 뭉치는 진보는 '혐오'에 중독되면 안 되고 그러니 싸가지가 중요하다는 게 강준만의 논리다. 무슨 말을 하려고 하는지는 알겠고 싸가지 없는 진보라는 말이 진보 진영이 갖고 있는 문제의 핵심이라는 것도 맞지만 '싸가지론'은 논객 강준만의 퇴보처럼 보인다. 논리 선생이 윤리 선생으로 옷을 갈아입은 셈이다. 한창 옳고 그름을 따지던 중에 '너 몇 살이야!'라고 따지는 꼰대의 모습과 강준만의 모습이 뭐가 다른가. 강준만의 변화를 긴가민가 하는 눈길로 바라보던 진보 진영도 더 이상 결론을 망설일 이유가 없었다. 논객 강준만은 퇴락했다! 아니 타락했다!라고.

▌문재인 정권은 진보 반동의 절정?

문재인 정권은 노무현 정부 2기였다. 참여정부의 2인자였던 문재인이 대통령이었고 다른 주요 정권 인사들도 대부분 참여정부에서 일한 경험이 있으니 노무현 정부가 왜 실패했는지 잘 알았을 것이다. 대결과 분열의 정치, 편가르기 정치, 증오와 혐오의 정치가 정권 실패의 원인이었다. 강준만은 문재인과 그 참모들이 참여정부의 실패로부터 교훈을 얻기를 바랐다.

세번째의 진보 정권을 맞이했으면, 진보는 자신에게 더욱 엄격해져야 하며 성찰을 주요 덕목으로 삼아야 한다는 게 나의 생각이다. 지지리 못난 보수의 분노를 자극해 더 못나게 굴도록 만드는 일에 집중하면서 장기 집권을 꾀하는 건 나라 망치는 일이라는 게 나의 믿음이다. (『부족국가 대한민국』, 머리말에서)

강준만의 기대와는 달리 문재인 정권은 보수의 자멸로 정권을 잡았다는 사실도, 참여정부의 실패 이유도 잊었다. 촛불혁명은 특정 진영의 전유물이 될 수 없다는 사실도 잊었다. 문재인이 과연 책임감 있는 리더인지에 대해서는 일찍부터 회의적이었다.

『문재인의 운명』은 문재인의 청렴하고 고결한 인품을 확인시켜주는 책이다. 저절로 고개가 숙여질 정도로 그는 훌륭한 사람이다. 그러나 그는 정치를 순박한 시골 소년처럼 바라보고 있어서 그가 과연 대통령 비서실장을 포함해 참여정부에서 맡았던 요직에 적합한 인물이었는가는 달리 볼 수도 있겠다. (…) 최소한의 감시·보고 기능만 이루어

졌어도 노 전대통령이 뒤늦게 사실을 알고 '혼절'하거나 투신자살에
까지 이르는 비극적 사태는 막을 수 있지 않았을까. (…) 이에 대한 책
임은 누가 져야 하는가. 문재인은 사실상 참여정부에서 그런 일을 전
담하는 총책임자의 위치에 있었지만 완전한 직무유기라고 해도 좋
을 정도로 그 일에 실패했다. 그럼에도 문재인은 그 때문에 벌어진 일
들에서 자신의 책임은 전혀 인정하지 않고 있다. (『강남좌파』, 322쪽,
2011년)

취임사에서 통합을 강조했던 문재인은 '적폐청산'이라는 이름으로
상대방을 적으로 몰아세웠다. '내로남불'이라는 말이 그 시절을 상징
했고 자기 편 밥그릇 챙기는 데는 부끄러움을 몰랐다. 오로지 보수의
분노를 자극하는 것만으로 장기 집권을 꿈꾸었다. 강준만 입장에서
보면 노무현 정권에서 그 징후가 드러났던 '진보 반동의 행태'가 문재
인 정권에서 한층 더 강하고 확대된 형태로 반복된 것이다.

문재인 정권이 정말 잘 할 것이라고 강준만이 생각했는지는 의문
이다. 과거 진보 진영이 보였던 행태는 집권 이후에도 크게 달라지지
않을 것이라고 예견하지 않았을까.

문재인 정권은 집권 직후 검찰이라는 칼을 동원해 적폐 사냥에 나
섰다. 전직 대통령을 감옥에 보냈고 대법원장을 비롯한 사법부 요인
들을 잡아들였다. 그 칼이 조국이라는 정권 실세를 겨냥하고 나서자
이번에는 검찰개혁이라는 명목으로 그 칼을 잡겠다고 무리수를 연
발하다가 정권이 휘청했다. 조국 사태로 '진보'가 두 쪽 나고 끝내는

보수에게 정권을 넘겨줬다. '진보 반동'이 보수 정권 탄생을 도운 꼴이었다.

강준만은 물려받은 유산도 적지 않고 배울 기회도 많았던 문재인이라는 진보 진영 상속자가 물려받은 가업을 망치고 있다고 봤다. 그나마 아버지는 꿈이라도 컸고 그 꿈을 위해 헌신해서 창업에 성공했지만, 그 상속자는 그것도 지키지 못하고 창업자의 유업 가운데 버려야 할 것만 따라했다. 그런 점을 비판하면 변절과 배신으로 몰아붙였다. 그것은 진보가 아니었다.

진보 정권의 문제는 '성찰'이 없다는 것. 모든 잘못된 것은 보수의 탓이라는 적반하장과 후안무치로 일관하는 진보, 이들이 왜 진보가 아닌지 스스로 폭로한 사건의 연속이었다. (…) 누군가 성찰의 목소리를 내면 이들이 내놓은 모범 답안은 '배신자' 아니면 '변절자'이니 이들의 뇌 구조마저 궁금해진다. (『정치혁명』, 20쪽)

민심의 판단은 그러나 강준만의 생각과 달랐다. 2017년 대선, 2018년 지방선거, 2020년 총선에서 민주당은 잇따라 승리했다. 총선 승리는 원내 1당을 넘어 180석을 차지하는 압도적인 대승이었다. 그렇다고 해서 진보의 정당성이 확인되는 것은 아니라는 게 강준만의 생각이다.

선거 승리가 민주당의 정당성을 입증해주는 게 아니다. 민주당의 핵심 세력인 586 정치인들의 언어 구사법을 잘 감상해보시라. 자신의 반대편은 무조건 악마화 하는 이들은 수십 년 전 운동권 멘털리티에서 한 치도 벗어나지 않았다. 징그러울 정도로 놀라운 일관성이다. 우리가 이런 일관성을 아름답고 자랑스럽게 여겨야 하겠는가? (『부족국가 대한민국』, 21쪽)

2004년 분당 사태 때 강준만의 판단은 민심과 어긋났었다. 문재인 정권에서 민주당이 잇따라 선거에서 이길 때도 강준만은 자신의 생각이 틀렸다고 말하지 않았다. 민심의 판단이 최종 판단자는 아니라고 본다는 점은 이런 논문에서도 또렷이 드러난다.

민주주의의 한가지 위험은 수사학이 인식론을 대체하거나 압도하는 것이다. 즉, 설득의 문제가 지식의 문제를 압도하는 건 위험함에도 민주사회는 무엇이 진실인가 하는 것보다는 사람들이 무엇을 믿으며 얼마나 큰 호응을 보내주느냐에 더 큰 관심을 갖는 경향이 있다. 이게 반지성주의의 토양이 되므로, 반지성주의는 사회 전반의 소통의 질을 보여주는 리트머스 시험지로서 의미를 갖는다. (「왜 대중은 반지성주의에 매료되는가?」, 『정치·정보연구』, 제22권 1호, 2019년)

문재인 정권에 대한 실망은 '진보'라는 타이틀을 박탈해야 한다는 주장으로 이어진다. 그 결정적인 계기는 부동산 정책의 실패였다. 문재인 정부의 실정을 두고 '약탈' '날강도짓'이라는 말까지 동원하면서 비판의 강도를 높인다. 강준만이 10년 전 전주에 구입한 아파트는 가격이 오르기는커녕 더 떨어졌다.

우리는 지금 빈곤 문제에 무관심한 가짜 진보의 시대에 살고 있다. 빈곤 문제를 외면하면서 빈곤과 전혀 무관한 문제들에 대해서만 혈압을 높이는 자칭 진보파에게서 '진보'의 딱지를 박탈해야 한다. 그래야만 그런 깨달음의 기회를 현실의 변화로 발전시키는 정치 세력이 등장할 수 있는 걸까? (『부족국가 대한민국』, 240쪽)

▌ '조국 대전'에서 중립을 지키다

분노와 적대감 때문일까, 문재인 정권에 대한 강준만의 비판은 너무 흥분해서 자신이 무슨 말을 하는지 길을 잃는 대목도 있고 관성에 젖은 듯한 비판도 없지 않다. 예를 들어 임기말까지 40%가 넘는, 이례적으로 높았던 문재인 지지율에 대한 설명을 보자.

집토끼를 확실하게 지키는 편가르기 정치, 노무현 학습효과에서 비롯된 강력한 팬덤, 친인척 스캔들과 측근의 부패가 없었다는 것, 코로나19가 초래한 국민적 위기의식, 악수를 연발하는 야당 복, 통계 조작까지 마다하지 않는 자화자찬식 홍보, 문재인 본인의 헌신적인 노력 등을 문재인의 높은 지지율 이유로 들었다. 여기까지는 고개를 끄덕이게 만드는 분석이다.

친인척과 측근의 부패 스캔들이 없었다고 이야기하면서 문재인

정부에는 '은폐 시스템'이 있었다고 말한다. 문재인 정부의 통계 조작 의혹이나 청와대의 울산시장 선거 개입 의혹 등은 정권 차원의 개입 의혹을 사기에 충분하다. 그렇다고 해서 문재인 정부에 '은폐 시스템이 있다'고 표현할 수는 없다. 청와대 감찰관을 공석으로 둔 것 등을 지적하면서 감시 시스템이 제대로 작동하지 않았다고 하면 충분한 사안이다. 감시 시스템이 제대로 작동하지 않았다는 것과 은폐 시스템이 있었다는 말은 전혀 다른 이야기다.

나라가 두 동강으로 갈라져 싸웠던 '조국 대전' 당시 강준만은 어느 편도 들지 않았다. 조국 사태는 보수와 진보의 싸움이자 동시에 진보 진영의 내분이었다. 입 있는 자들은 누구나 한마디씩 하는 전쟁이었다. 동지이자 라이벌이었던 진중권이 펜 한 자루로 언론사 10곳 이상의 몫을 했고, 유시민은 조국 방어 전선의 사령관 역할을 하고 있었다.

나는 조국에 대해 "너무 안됐다"고 생각하는 사람이다. 그가 내로남불 발언을 너무 많이 하는 것에 대해선 "왜 저럴까"라며 신기해하면서 비판적 생각을 갖고 있긴 하지만, 이른바 '조국 사태'와 관련해선 그를 직접 비판한 적도 없고 비판할 생각도 없다. 내가 이 사태를 보는 시각은 기본적으로 양극단 사이의 어느 중간 지점에 있지, 10:0이나 0:10이라는 식으로 어느 한쪽이 무조건 옳다고 생각하진 않는다. 그래서 나는 담담하게 거리두기를 한 채로 그 싸움을 지켜봐 왔는데, 내가 가장 놀란 건 문재인 정권 사람들과 문빠의 윤석열에 대한 적대와

증오의 살벌함이었다. (『부족국가 대한민국』, 150쪽)

조국 사태는 진보 진영의 위선과 지식인의 허위의식이 총체적으로 드러난 문제였다. 강준만은 누구보다 일찍 진보의 위선과 내로남불을 지적해왔다. 그런데 조국에게 돌을 던지는 자들에게도, 돌을 맞는 사람 편에도 서지 않았다. 그 모습을 보면서 강준만이 더 이상 전사는 아니라는 생각이 들었다. 전사는 싸우는 곳이 있으면 어디든 착검하고 달려드는 법이다. 진실은 서초동에도, 광화문에도 있지 않다고 생각했기 때문일까? 아니면 조국에 대한 인간적 정리와 인연 때문이었을까? 조국에 대한 언급은 짧고 다소 감상적이다.

『조국의 시간』을 읽으면서 그와 그 가족이 당해야 했던 '마녀 사냥'과 '인격 살해'에 대해 가슴이 아팠고 때론 분노했다. (…) 정권 교체로 인해 누구보다 고통스럽겠지만, 모든 고난을 꿋꿋하게 이겨내는 모습을 보고 싶다. (『정치전쟁』, 280쪽)

22대 총선을 통해 자신의 이름을 딴 원내 제3당 대표로 화려하게 부활한 조국에 대해 강준만은 별로 언급한 바가 없다. 조국에 대해서는 말을 아끼는 느낌이다.

6장

봉쇄수도원의
삶

▌수도자의 비장감, 싸움꾼의 처절함

2000년 3월, 전문 인터뷰어 지승호가 강준만에 대해 이렇게 썼다.

"외롭지 않은 자가 온화하기는 쉽다. 그러나 속절없는 고독 속에서 괴팍해지지 않기란 얼마나 어려운가."

당시 강준만은 핸드폰은 말할 것도 없고 연구실에 전화도 두지 않았다. 오직 팩스로만 외부와 연락을 주고받았다. 2011년 미국 연수를 떠날 때야 핸드폰을 처음 마련했다. 그 이후로 20년 넘는 세월이 훌쩍 흘렀지만 강준만의 삶은 크게 달라지지 않았다. 봉쇄수도원에 스스로를 가둔 수도사처럼 산다. 여전히 책을 읽고 쓰는 게 세상과 소통하는 유일한 수단이다. 이런 점에서 완고하고 고집불통이다.

학연, 지연, 혈연과 철저하게 담을 쌓고 살아왔다. 어떤 조직, 진영에도 가담하지 않았다. 누구의 깃발 밑으로 들어가지 않았고 자기의 깃발도 들지 않았다. 자신의 깃발 아래 사람들이 모이는 것을 원하지도 달가워하지도 않았다. 함께하자는 사람들, 내가 당신의 친구가 되고 동지가 되고 싶다는 사람들도 적지 않았지만 그럴 때마다 고개를 내저었다. 명예로운 고립, 자발적인 고립을 선택했다. 무문관無門關 투쟁 아니면 무문관 수행이라고 할 수 있겠다. 남이 들어오는 것은 말할 것도 없고 자신이 밖으로 나가는 길도 원천봉쇄 해버렸다. 문을 걸어 잠그는 일은 오염된 세상으로부터 자신을 지키려는 자구책으로 시작되었지만 어느새 세상을 바라보는 수행법이 되었다.

글 쓰는 일은 외로운 일이다. 외로우면 외로운 사람끼리 뭉치는 게 인지상정이다. 그런데 그렇게 하지 않았다. 오히려 고립을 추구한다. 의도적으로, 적극적으로 고립을 추구한다. 고립을 두려워하지 않는다. 연대를 구하되 고립을 두려워하지 않는 것이 아니라 아예 고립을 추구한다. 남에게 매이지 않고 스스로에게도 매이지 않으려 애쓰는 사람이다. 친구나 지인이 없는 것은 아니나 사회적 관계는 최소화한다. 관계 맺기가 사회생활의 모든 것인 한국 사회에서 예외적인 삶의 방식이다.

강준만의 삶에는 '함께'와 '같이'라는 단어가 없다. 함께 사는 좋은 세상을 만들기 위해 노력하지만 정작 그 작업은 철저하게 단독자로서 수행해왔다. 누구의 문하라는 말도, 누구와 도반이라는 말도, 누구의 스승이라는 말도 들은 적 없다. 제2, 제3의 강준만도 나오지 않았고, 강준만 학파도 만들지 않았고 지금까지 없었던 강준만 학파가 앞으로 나올 거 같지도 않다.

강준만의 수도원 거처에는 다른 사람이 함께할 여지가 없다. 다른 사람에게 말 걸지 않고 다른 사람이 다가오는 것도 반기지 않는다. 굳이 다른 사람과의 만남을 추구할 필요도, 일을 나눠서 할 필요도 느끼지 않는다. 남들과 휩쓸려 다니지 않고 동지를 구하지도 않았다. 강준만을 보면 세상 사는 데 그렇게 많은 관계가 필요한 것은 아니라는 생각이 든다

홀로 우뚝할 뿐이다. 변방에서, 스스로 가둔 1인 봉쇄수도원 안에

서 혼자 대나무로 죽창 만들고 쇠 갈아 칼 만들어가면서 마치 독립운동 하듯 몇십 년을 버텨왔다. 우군이 없는 싸움. 이제는 뒤따라오는 오는 이들도 없고 환호하는 연도의 군중도 별로 없다. 가끔 강퍅하게 보이는 것은 고립된 자의 초조함과 조바심 때문일 게다.

수도자의 비장감이 있는가 하면 싸움꾼의 처절함도 느껴진다. 장수將帥 되기를 원하지 않고 리더로 군림하는 일에 관심이 없다. 전북대 교수 연구실과 시내에 있는 연구실만이 강준만의 봉토였고 그 이상의 봉토를 원하지 않았다. 자신이 신민이고 자신이 왕이기도 한 영지 안에서 성실하게 일하고 성실하게 통치한다. 단 한 명의 신민이 있는 왕국이라 할지라도 그 안에서 벌어지는 일은 일억 명의 신민이 사는 곳과 크게 다르지 않다. 강준만 왕국에서 벌어졌을 수많은 이야기들은 거의 밖으로 알려진 바 없다. 어떤 갈등이 있었는지, 무엇 때문에 마음고생을 했는지, 그 왕국의 수장이었기에 견뎌야 했던 수모는 무엇이었는지 좀처럼 말하지 않는다. 신민으로 겪었던 기쁨이나 보람에 대해서도 자기 입으로 말한 바 없다.

연대가 아닌 고립을 추구하면서 살아온 것은 야심이 크기 때문이다. 글로 세상을 흔들고 사람들을 일깨우겠다는 그 야심, 그 야심이 참으로 크다. 고립을 두려워하지 않고 연대를 구하지 않는 사람만이 가질 수 있는 힘을 잘 안다. 그 힘으로 버텨왔고, 그 힘을 누리는 것으로 고립과 단절의 시절을 건너왔다. 그런 삶을 기꺼이 즐긴다.

▌강준만은 우물 안 개구리?

우물 안 개구리가 될 수도 있었다. 필사적으로 읽고 필사적으로 쓰는 것은 우물 안 개구리가 되지 않기 위한 몸부림이다. 온몸의 모든 촉수를 우물 밖으로 세우고 산다. 뒤처지고 낡았다는 소리 듣는 게 두렵고 내가 알지 못하는 세상이 있을까 두려운 거다. 우물 안에서 허우적거리다 보면 내가 동으로 가는지, 서로 가는지 헷갈린다. 밖에서는 동서남북이 뚜렷하지만 혼자 배를 저어가다 보면 동이 서 같고 서가 동 같다. 바다가 육지 같고 육지가 바다 같다. 때로는 헛것이 보이기도 한다.

방향을 잃지 않는다는 것은 어려운 일이다. 혼자만의 세상을 고집하면서 살 때는 더더욱 그렇다. 누군가에게 묻고 싶지만 물을 사람도 없고 의지할 사람도 없다. 때로는 앞서가는 일말고 따라가는 일로 자신의 시간을 채우고 싶지만 따라갈 사람도 보이지 않는다. 어디로 가야 할지 방향이 헷갈릴 때 잠시 멈춰서 자신이 서 있는 자리를 확인해야 한다. 멈추면 표류하기 십상이니 제자리에 있기 위해서라도 쉼없이 노 저어야 휩쓸려가지 않는다. 생존하기 위해서는 끊임없이 움직여야 된다. 길 없는 길을 만들어 가고 있다. 그 길 가는 데 나침반 같은 것도 없다. 아니, 있다 하더라도 좌표 자체가 바뀌는 상황에서 나침반은 무용지물이 되기 일쑤다. 지켜야 하되 변해야 하고, 변하되 지키지 않으면 안 되는 지극히 어려운 길, 그런 길을 만들어 온 사람이다. 끊임없이 읽고 쓰는 것은 방향을 잃지 않고, 길을 만들고, 자기 존재를 증명하기 위한 노력인 것이다.

강준만인들 비판 받을 일이 어찌 없을까. 게다가 세상을 향해 쏟아 낸 글이 한두 마디가 아니다. 그 글의 무게를 감당하는 일이란 상상하기 힘들 만큼 버거운 일이다. 글 다르고 말 다르고 거기에 행동까지 다르다는 비판을 들을 수 있고, 자신의 모든 발언이 한순간에 빛을 잃을 것이라는 두려움도 있다. 강준만이 주요 표적으로 삼았던 기관이나 인물들 가운데 일부는 반격을 하자면 얼마든지 반격할 수 있었다. 그런 것을 일로 삼는 곳도 있다. 가족과 개인의 사생활을 드러내는 것에 소극적인 데는 이런 이유도 있을 것이다.

강준만의 삶은 극단적인 고립과 극단적인 개입의 이중주다. 허공에 글이라는 밧줄 하나 걸쳐 놓고 그 양극단을 오갔다. 밧줄 밑은 천 길 낭떠러지다. 고립과 개입 사이의 균형을 아슬아슬하게 유지하며 살아왔다. 삶의 궤적을 보면 때로는 크게 휘어지고 아래로 꺼지고 위로 솟구칠 때도 있어 위태롭기 그지없어 보인다. 그래도 균형을 잃지 않고 그 밧줄 위에서 살아왔다. 그 위태로운 균형을 30년이 훌쩍 넘는 세월 동안 유지해왔다. 무서운 절제와 확고한 철학이 없으면 지킬 수 없는 균형이었다.

2000년, 지승호는 "지금까지 영혼을 놓치지 않고 균형을 잡아왔다"고 평가했는데 그 평가는 지금도 유효한 것 아닐까. 봉쇄수도원의 삶이든 외줄 위의 삶이든, 아니면 우물 안의 삶이든 괴팍해지지 않았다는 것만으로도 강준만의 삶은 평가해야 한다. 자기 분노를 다스리지 못하는 모습을 보인 적도 있지만 어떤 경우에도 이성과 합리, 상식의 잣대를 내던진 적은 없었다.

▌나는 그런 자리 필요하지 않습니다

강준만이 2021년 2월 정년 퇴임할 무렵 전북대학교에서 석좌교수 자리를 제안했다. 그 동안 전북대학교를 알리는 데 기여한 공도 인정하고 전국적인 지명도가 있는 강준만의 이름은 퇴임 이후에도 학교에 필요하기도 했다. 석좌교수에게는 연구실 제공 등의 혜택이 있지만 무엇보다 석좌교수라는 이름 자체가 주는 명예도 만만치 않다.

"전북대학교에 정년 퇴직하는 교수들을 대상으로 하는 석좌교수라는 제도가 있거든요. 연구실을 주고 약간의 지원이 있어요. 연구 성과가 좀 있는 분들은 서로 하려고 하죠. 그런데 그 양반은 그거 총장이 시켜준다고 해도 안 하더라고요. 석좌교수가 되려면 그만한 성과가 있어야 하고 학교 입장에서는 필요하니까 석좌교수 자리를 제안했는데 그건 나한테 별로 필요한 게 아니라면서 안 하더라구요. 타이틀이나 형식적인 자리, 이런 거를 아주 싫어하는 사람이에요."(안문석, 전북대 교수)

전북대 신문방송학과 학과장직을 맡았던 것 말고는 학회가 됐든 학교가 됐든 교수라는 타이틀 외에 다른 자리를 맡은 적이 없다. 전국적 지명도로 치자면 역대 전북대학교 교수 중에서 가장 앞줄에 있다. 권혁남 교수와 함께 전북대학교 신문방송학과를 만들었으니 '학내 정치'를 통해 권력을 누리자고 했다면 권력을 누릴 수도 있을 텐데 그런 것과는 담을 쌓고 살았다. 그런 것은 하고 싶지 않은 일이었다. 자신의 이름을 딴 학파를 만드는 것은 교수들이 가장 하고 싶은 일이 아닐까 싶은데 강준만에게는 그런 것은 별로 하고 싶지 않은 일이다. 30년 넘게 교수로 있었지만 제자 두는 데 인색했다. 박사 제자는 1명, 석사 제자도 겨우 5명이다.

"한국에서 통용되는 학파라고 하는 게 학문적인 가치를 중심으로 모인 공동체라기보다는 학연으로 똘똘 뭉친 이런 성격이 강하잖아요. 교수님이 그런 부분을 많이 비판했고 학문적으로 모이기보다는 밀어주고 끌어주는 행태에 대해 문제의식을 가지고 계셨기 때문에 일부러 피하신 게 아닌가 생각합니다."(김환표, 전북대학교 제자)

어디 자리 없나 기웃거리지 않고 다른 사람이 문 열어주는 자동차 같은 것을 기대한 적도 없다. 쉽게 생기는 돈을 경계하면서 살았고 공짜 점심 얻어먹지 않았다. '인정 욕구'를 버린 것은 아니지만 거기에 매달리지는 않았다. "의례적 겸손, 처세술로서의 겸손이 아닌 뼛속 깊은 곳에서 우러나오는 본질로서의 겸손"을 이야기한 사람답게 겸손을 일상에서 앞세운다.

김대중 정권 초기 KBS 사장으로 추대 움직임도 있었고, 2014년 당시 새정치민주연합에서 비상대책위원장 자리를 맡아 달라고 요청하기도 했다. 그런 유의 제안이 더 있었을 테지만 본인은 그런 것에 대해 일절 말한 적이 없다. 지식인에게 정치권의 러브콜은 자랑하기 좋은 재료다. 거절할 기회조차 없었다는 것이 부끄럽지 거절한 것은 자랑인 게 한국 지식인 사회지만 강준만은 그런 문화를 우습게 여긴다. 개인연구실 조교로 강준만을 가장 가까이에서 지켜본 김환표의 이야기를 더 들어보자.

"제가 지켜본 강준만 교수님은 공적인 면에서 당신이 하셨던 말씀을 개인적으로도 지키려고 무척 노력하셨습니다. 예컨대 정치인들이 연락을 해와도 안 만나셨어요. 교수님 말씀이 만나면 마음이 약해진다는 거예요. 특히 당신이 비판했던 공적인 인물들, 정치인들은 전혀 안 만나셨고요.* 대신 제자들을 만나실 때는 대단히 유쾌하신 분이에요."

1990년대 후반 『인물과 사상』을 응원하는 사람들이 '인사모'라는 모임을 만들었다. 명동에서 열리던 송년회 같은 모임 자리에 가끔 참석했다. '강준만' '강준만'을 외치는 열성 지지자들 모임이었지만 그 자리를 그리 기꺼워하지 않았다. 인사말로 몇 마디 겨우 하고 간다는 말도 없이 슬그머니 자리를 뜨곤 했다. 그런 자리를 즐길 수도 있으련만 체질적으로 그런 것을 어색해하고 힘들어하는 사람이다. 주목받는 것 자체를 거북하게 생각한다.

32년 동안 봉직하던 전북대학교에서 정년을 맞았을 때 퇴임식도, 퇴임 강연도, 논문 중정식 같은 것도 없었다. 코로나19가 기승을 부리던 시절이기도 했지만 그 감염병이 아니었다고 해도 다른 선택을 하지는 않았을 것이다. 전북대학교 명예교수 타이틀이 32년 근무의

---

* 강준만이 정치인과 일절 접촉이 없었던 것은 아니다. 본인이 먼저 연락을 해서 적극적으로 만남을 갖는 경우는 거의 없지만 찾아오는 정치인을 마냥 거부하진 못한 듯하다. 실제로 익명을 요구한 한 정치인은 지난해 전주로 강준만을 찾아가 정치적 조언을 구한 사실이 있다고 했다. 최근에도 강준만에게 도움을 청한 정치인은 한두 명이 아니다. 2000년대 초반 강준만은 적지 않은 정치인, 시민단체 인사들과 접촉이 있었다.

유일한 흔적이다. 몇몇 신문이 퇴직 인터뷰 기사를 싣기도 했지만 조용한 퇴장이었다. 사실 퇴장이나 퇴임이라는 말은 강준만에게 적절치 않은 표현이다. 정년을 맞아 대학에서 가르치는 일을 마감했지만 여전히 현역이다. 대학에 있을 때와 마찬가지로 여전히 책을 쓰고 고정 칼럼을 쓴다. 정년 퇴임식 같은 거창한 행사가 그리 내키지 않는 일이기도 했을 테지만 단지 대학 강의를 그만두는 것일 뿐 현역 작가로서 살아가는 자신에게 퇴임식이라는 이벤트 자체가 당치 않다는 생각도 했을 것이다.

학교에서 물러난 뒤 생활은 더 단출해졌다. 학교에 재직 중일 때는 움직이는 동선이 집—학교—개인연구실이었는데 이제는 집—개인연구실로 바뀌었다. 아침 먹고 사무실 나가고 집에 들어와 점심 먹고 다시 연구실로 나가 읽고 쓴다. 어떤 때는 저녁 먹고 연구실로 다시 나갈 때도 있다. 매일 한 시간 정도 전주 덕진공원 부근을 산책하고 헬스장에 나가 운동을 한다. 일요일이면 부인과 교회에 가고 한 달에 두 번 편한 지인들과 내기 당구를 친다. 젊은 시절에는 등산도 즐기고 자전거를 즐겨 탔지만 이제는 학교 밖에 있는 연구실과 집을 오가는 산책이 주된 건강관리법이자 취미다.

자신의 이름을 팔아 자리를 얻는 행위는 하지 않겠다는 약속을 지켰다. 제자들에게 서울에 있는 대학으로 옮기지 않겠다는 약속도 지켰다. 수도자로 사는 것은 관계 맺기만을 포기하는 것이 아니다. 돈도, 명예도, 사랑도 기꺼이 포기하는 것이다. 자신의 이름을 연호하는 지지자들 앞에서 했던 그 약속을 지켰는데 그에게 환호를 보내던

지지자들은 오간 데가 없다. 보수 진보 어느 편으로도 갈 수 없는 외로움이 강준만을 지배하고 있다.

새로운 천년을 맞을 무렵인 지난 2000년 한 인터뷰에서 20년쯤 후에는 자신의 작업이 빛을 볼 것이라고 했다. 그 때 역시 비난의 목소리가 적지 않았지만 자신의 말 한 마디 글 한 줄이 반향을 불러일으키던 시절이었다. 그러니 이런 낙관적인 전망도 할 수 있었다.

"언젠가는 이 작업이 빛을 볼 것이라 믿는다. 지금은 욕을 먹고 있지만 내가 죽은 후엔 분명히 나에 대한 평가가 달라질 것이라 확신한다. (…) 죽을 때까지 이 일을 할 거니까, 앞으로 20년 더 산다고 보면 그 때쯤엔 뭔가 달라지지 않겠냐는 거죠. 그렇게 멀리 보면 낙관적인 측면이 있는 거죠." (조성식과의 인터뷰, 『신동아』, 2000년 10월호)

그 말을 하고 20년이 흐른 뒤 한 인터뷰에서 허무함이 느껴지는 목소리로 이렇게 이야기하고 있다.

"전 인간의 한계나 취약성 때문에 존경이라는 표현을 잘 안 쓰지만 박원순은 글을 보고 말을 들으면 존경할 만하다고 생각했죠. 어떤 사람이 갖고 있던 사상을 높게 평가했는데 내 기준으로 무너진 걸 볼 때 '어, 이래? 세상에 믿을 사람 얼마나 있을까' 하는 회의가 들고 착잡해져요. 정부와 정권만 비판하는 게 의미가 없다는 생각도 들었어요. (…) 숱한 명망가들이 다 무너졌어요. 조국 사태에서 박원순 사건에 이르기까지요. '아니, 너마저. 그 사람 그렇게 안 봤는데' 심정이죠. 힘이 빠지더라고요. 스스로 마음의 평온을 위해 '아 이건 시대사적으로 한 세대가, 한 시대가 저물고 다음 세대로, 다음 시대로 넘어가는 과도기'라고 여기죠." (김종목과의 인터뷰, 경향신문, 2020. 8. 8.)

하늘의 북극성을 길잡이로 삼아 살아온 삶은 아니다. 시선을 멀리 두고 살아온 것은 아니라는 뜻이다. 강준만 글에는 비전과 전망이란 단어를 별로 찾아볼 수 없다. 먼 미래를 말하지 않는다는 점에서 현실주의자이고, 추상이나 영혼 같은 이야기를 하지 않는다는 점에서도 현실주의자다. 멀리 보기보다는 눈으로 보이고 손에 잡히는 것에 더 관심이 많다. 늘 신문을 곁에 두고 텔레비전을 켜놓고 산다. 언론학자라서 그렇다지만 세상에 대한 호기심이 큰 것이다. 신문이 전해주고, 텔레비전이 보여주는 세상을 사는 것이다. 역사에 대한 관심은 그런 점에서 예외적인데 사실 강준만의 한국 현대사도 특유의 기사체 문장 때문일 텐데, 몇 년 전 월간지를 보는 느낌이다.

돈 이야기는 거의 찾을 수가 없다. 초등학교 시절 부친이 신문을 구독했다니 가난에 먹살 잡혀 산 집안은 아닌 듯하다. 유학 시절 식당에서 감자 깎는 아르바이트도 했다지만 돈에 쪼들리는 정도는 아니었다. 돈은 많으면 많을수록 좋다고 말했지만 그렇다고 인세나 원고료 같은 것을 꼼꼼하게 따지는 쪽은 아니다. 주면 주는 대로 받는 쪽에 가깝다. 『김대중 죽이기』 같은 베스트셀러를 몇 권이나 썼고 거의 300권에 가까운 책을 냈으니 인세나 원고료가 상당할 거라 생각했지만 주변 사람들은 이야기를 들어보면 그렇지도 않은 모양이다. 책 인세가 지금 사는 아파트로 이사하는 데 큰 도움이 됐고 학교 밖 개인연구실도 마련했다지만 돈을 벌었다고 할 정도는 아니다. 개인연구실 보증금을 떼인 적이 있다고 본인의 책에서 밝히기도 했다. 책사고 남에게 아쉬운 소리 안 하고 전주에 두 발 뻗고 잘 수 있는 아파트 한 채가 있다. 대중적 글쓰기로 인세 수입을 올리고 명성까지 얻으면서 학계에서까지 대접을 받겠다는 것은 과한 욕심이라고 말한 적도 있다.

1980년대 미국 위스콘신대학교 매디슨 캠퍼스에서 인연을 맺은 이창근 광운대 명예교수, 원용진 서강대 명예교수, 조 흡 동국대 명예교수와 자주 어울린다. 정치적 성향은 조금씩 다르지만 신문방송학을 전공하는 공통점이 있고 무엇보다 미국 중서부에 있는 도시에서 젊은 시절을 같이 보낸 인연으로 가장 편하게 대하는 사람들이다. 이창근이 광운대학교에서 정년 퇴임하던 2016년 네 사람이 함께『미디어 숲에서 나를 돌아보다』라는 책을 내기도 했다. 강준만은「어느 아날로그형 인간의 디지털 시대 분투기」라는 제목으로 글을 썼다. 강준만의 책 중에서 따뜻하고 편안하게 읽히는 책이다.

교수들이 만나서 공부 이야긴 하지 않는다. 물론 그렇지 않은 교수들도 있겠지만, 사적인 자리에서 자신들의 전공 주제를 놓고 열변을 토하면서 상호의견 교환을 하는 교수들은 희귀하다고 말해도 무방할 것이다. 내가 매디슨 시절을 매우 소중할 뿐만 아니라 애틋하게 여기는 건 '잡담을 통한 공부'의 기회를 원 없이 누렸다는 점이다. (…) 이창근 교수, 조흡 교수, 나, 원용진 교수가 그런 잡담의 주요 멤버들이었다. 네 사람 중에서 공부가 가장 모자랐던 내가 '잡담을 통한 공부'의 가장 큰 수혜자였다. 당시 나는 유일한 미혼이었기에 잡담 기회는 곧 제대로 된 집밥을 얻어먹을 수 있는 소중한 기회였다. (…) 그 어떤 주제로 이야기를 하건 우리에겐 '꿈과 열망'이 있었다. 그 '꿈과 열망' 속에 세속적인 면이 없었다고 말할 수는 없겠지만, 공부 자체에 대한 게 훨씬 더 컸던 거 같다. (『미디어 숲에서 나를 돌아보다』, 75~76쪽)

▋ 말하는 것에 콤플렉스가 있다고?

2012년 여름 이야기다. 한 학기를 마친 전북대학교 사회대학 교수들이 다같이 전주 교외로 야유회를 갔다. 학장이 강준만에게 건배사를 부탁했다. 강준만이 엉거주춤 일어섰다. '모처럼 한 자리에 모여 반갑습니다'랄지 '교외에 나오니 상쾌하네요' 같은 말 한마디 하고 '제가 뭐라고 할 테니 따라해 주십시오'라고 하면 그만일 자리였는데, 강준만은 '영 어색하네요'라고 하더니 혼자 '화끈하게!'라는 말을 한마디 하고는 자리에 앉아버렸다. 강의실에서는 달변이고 강연도 잘하지만 미리 주어진 주제가 없는 이야기를 해야 하는 상황에서는 눌변이다. 자신은 말하는 것에 콤플렉스가 있다고 지인에게 털어놓은 적도 있다. 그럼 황석영 버금가는 구라쟁이라는 김어준의 평가는 어떻게 된 것일까.

피가 뜨거운 거 같다가도 어떤 때는 몸속에 차가운 피가 흐르는 사람 같다. 친절한 신사 같은가 하면 딴따라 기질도 엿보인다. 어떤 때는 거리의 왈패 같기도 하다. 하루 24시간을 글만 쓰고 책만 볼 거 같은데 영화도 좋아하고 어지간한 드라마는 빼놓지 않고 다 본다. 가장 좋아하는 일이 야구 중계 틀어놓고 책 보는 일이다. 2018년에 쓴 『평온의 기술』은 강준만식 자기계발서인데 눈에 띄는 것은 대중가요 가사를 책 곳곳에서 인용한다는 점이다. 책을 쓰기 위해 몇 곡 고른 것이 아니라 자신의 귀에 익고 어떤 곡은 본인의 애창곡인 듯싶다. 필자는 들어본 적도 없는 아이돌 그룹 노래도 포함되어 있다.

책에서 보이는 강준만과 지인들이 증언하는 강준만의 모습은 다르다. 달라도 보통 다른 게 아니다. 열정적이고 성질 급하고 어느 자리에서든 할 말은 해야 직성이 풀리는 목청 큰 사람인가 싶었는데, 강준만 지인들은 친절하고 소탈하고 예의 바르고 남에게 싫은 소리 못하는 사람이라고 했다. 강준만이 말하기에 대해 콤플렉스가 있다는 안문석 교수의 이야기는 의외였다. 고 한승헌 변호사는 "글만 보면 윤동주 시인 같은 서생이려니 생각했는데 직접 보니 키 크고 잘생긴 이소룡 같은 사람"이라고 했다. 전주 시민운동가로 강준만과 교분이 있는 손성모는 "강준만이 사람들과 어울리는 것도 좋아하고 상당한 애주가"라고 했다. 어떤 사람을 만나느냐에 따라 다양한 면모를 보여주는 사람인데 본인은 "성실하고 남에게 누 끼치는 것 싫어하고 책임감 강한 사람"이라고 자평했다.

누구한테 신세지는 것 싫어하고 남에게 부탁받는 것도 싫어해서 주변에 사람이 모이지 않는다고 말하는 지인도 있었다. 과거에도 빚진 게 없고 사람에게도 빚진 일이 없다. 앞으로도 빚질 일이 없고 남에게 아쉬운 소리 할 일도 별로 없어 보인다.

2014년 『한겨레』 사진기자 강재훈은 정희진, 고경태 등과 강준만의 전북대 연구실을 찾았다. 강재훈은 인터뷰 내내 카메라 렌즈를 통해 강준만의 표정과 행동을 살폈다. 사진기자의 호기심을 자극하는 취재원이었다. 그날 인터뷰는 학교 연구실에서 시작해 개인연구실과 식당으로 이어졌다. 강준만은 일행을 익산역까지 배웅했고 강재훈은 내내 강준만의 표정에 주목했다. 카메라를 통해 보면 취재원은 사람의 눈으로 보이는 것과 다르게 보이기도 하고 사람의 눈에는 잘 보이지 않는 게 보일 때가 있다. 기가 센 사람이라고 했다. 나는 허튼 말은 하지 않겠다는 태도, 일상생활에서도 말 한마디라도 허투루 하지 않겠다는 태도가 몸에 밴 게 사진으로도 드러난다는 것이다.

"제가 그날 전북대학교 연구실 입구에서부터 익산역 플랫폼까지 같이 있었거든요. 그 때 제가 취재수첩에 이렇게 썼어요. '친절한 사람, 친절한 지식인이다'. 우리가 일반적으로 알고 있는 모습 이면에 상당한 세심함과 함께 상대를 살피는 친절함이 내재된 지식인이라는 생각이 들었습니다. 물론 제가 찍은 사진 중에는 이야기 도중에 뭔가를 골똘히 생각하는 모습도 있고 냉소적인 표정도 있지만 과연 어떤 게 이분의 대표적인 표정일까 싶은 거지요. 지식인의 고뇌가 느껴지는 모습에 집중할 거냐, 아니면 날카로운 눈빛을 보여주면서 강하고 까칠한 모습으로 갈 거냐. (…) 기존의 선입견에 맞는 사진을 찍고 카메라를 내려놓을 수도 있고 짧은 시간 안에 얼른 몇 장 찍고 빠질 수도 있지만 저는 몇 시간을 같이 호흡하며 일거수일투족을 놓치지 않고 찍으려고 한 게 다를 수 있을 거 같네요."

현역에서 물러난 지 4년이 되는 강재훈은 취재 현장에서 만난 인물 100명을 골라 이들의 사진을 정리하는 작업을 하고 있다. 지명도보다는 그가 좋아하는 사람이어야 한다는 조건이 있단다. 강준만도 그 인물 파일에 들어간다.

필자가 슬몃 물어봤다. 강준만이 피사체로서 매력적인 인물인지, 관찰하면서 계속 사진을 찍고 싶을 만큼 그렇게 매력적인지를.

"네. 제게는 그런 분입니다. 그런데 제가 사람들에게 막 들이대는 걸 못해서 그 부탁을 드리지는 못했습니다. 그래서 제가 강교수님을 계속 쫓아다니면서 찍지는 못했는데 하여튼 그날은 '오늘은 이 사람과 끝장을 보자'는 마음으로 찍었던 기억이 있어요."

강재훈은 익산역 플랫폼에서 일행에게 커피를 건네며 환하게 웃는 강준만의 사진을 그날 찍은 사진 가운데 최고의 사진으로 꼽았다. 그 사진이 강준만의 본모습에 가장 가까운 사진이라고 생각했다. 강재훈의 바람과는 달리 지면에 실리지는 못했다. 그날 강준만의 양복에서 비듬이 보였다. 자신이 남에게 어떻게 보일지 별로 신경 쓰지 않는 사람이라는 인상을 받았다. 자신의 사진을 아예 못 찍게 하는 사람도 있고, 사진 찍을 때면 자신의 외양은 말할 것도 없고 가구 배치까지 신경 쓰는 사람도 있다고 했다. 그런 사람들에 비하면 강준만은 자신이 어떻게 카메라에 담길지 전혀 신경 쓰지 않았다. 그런 모

2014년 익산역에서.

습을 보면서 강재훈은 글에서 받은 것 이상의 신뢰감을 느꼈다.

▎제자들에 대한 생각, 제자들의 생각

'스승' 강준만은 학생들 전화는 어떤 전화보다 잘 받고 메일에 대한 답도 빠트리지 않았다. 강의 준비도 철저했고 학생들의 과제에 대해서 꼼꼼하게 피드백을 주는 선생이었다. 적극적으로 문 두드리는 학생들에게 기꺼이 연구실 문을 열어주었다. 제자들의 생일까지 챙기고 형편이 딱한 학생들에게 소문 내지 않고 용돈을 주기도 했다. 어쩌다 학생들과 저녁이라도 할 때면 먼저 자리를 뜨면서 한잔 더하고 가라며 지갑을 털어주곤 했다. 전북대 부임 초기 학생들과 어울려 나이트클럽 다닌 이야기는 지금도 전설처럼 회자되는 이야기다. 그 때는 30대 초반이니 학생들과 나이 차가 별로 나지 않아 더 편하게 지냈던 모양이다.

이어령에 대해 쓰면서 "제자가 없으면 아무리 뛰어난 학문적 업적을 이뤄도 묻히기 마련"이라고 했다. 남 이야기할 것 없이 본인 이야기다. 저술가로서 강준만, 사상가로서 강준만은 책과 언론 기고, 인터뷰 등을 통해 널리 알려졌지만 교육자로서 강준만은 별로 알려진 게 없다. 박사 제자 한 명, 석사 논문을 지도한 학생은 다섯 명 정도다. 영향력과 지명도에 비하면 '강준만의 제자' 내지는 후계자, 학문적 상속자로 자부하거나 지목할 만한 인물도 찾기 어렵다.

제자만 적은 것이 아니라 동료 역시 적다. 아니, 없다고 하는 게 정

확한 표현일 것이다. 개인적으로는 부드럽고 예의 바르고 누구에게
도 말을 놓지 않는 신사이지만, 글로 표현되는 공적인 영역에서 보
면 우호적으로 공존할 수 있는 사람을 찾는 게 쉽지 않겠다는 생각도
든다. 공과 사가 뚜렷하고 사람 가려가며 만나는 느낌이다. 강준만에
대해 알 만한 사람 가운데 몇 명은 취재 요청을 거부했다. 강준만과
어떤 식으로든 엮이고 싶지 않다는 사람들도 있었다. 2018년 낸『평
온의 기술』에서 모든 사람에게 좋은 사람이라는 평가를 받으려고 하
지 말라고 했는데 독자들에게 하는 말이지만 스스로에게 하는 말이
기도 했다.

　제자들은 스승을 '한국의 칸트'라고 불렀다. 일정한 리듬으로 예상
가능하게 연구실과 집을 오가는 것과, 하루도 빠짐없이 산책을 즐기
는 것이 칸트와 닮았다는 것이다. 1호 박사 제자이자 유일한 박사 제
자이기도 한 전상민은 박사 논문을 준비하는 과정에서 강준만으로
부터 단 한 번도 질책을 들은 적이 없다고 했다. 제자들을 부를 때 '누
구누구 씨'라고 경칭을 썼고 강의실에서 학생들이 어떤 엉뚱한 말을
해도 그 말에 대해서 화를 내거나 짜증을 내는 법도 없다고 했다. '아
그렇게 생각을 할 수도 있군요, 나는 그런 생각을 못했는데 재미있는
발상이네요'라고 말하는 교수였다. 개인 사정을 이유로 강의를 빼먹
는 일은 없었다. 대외활동을 해도 꼭 수업이 없는 날 했다.

　전상민은 두 가지 점에서 스승 강준만을 존경한다고 했다. 우선 허
튼 데 시간을 쓰지 않는다고 했다. 스케줄에 맞춰서 하루도 쉬지 않
고 공부하는 모습이 존경스럽다는 것이다. 전북대학교 교수 연구실

가운데 가장 늦게까지 불이 켜져 있는 연구실 주인이었다.

"이런 일이 있었습니다. 한번은 식사하고 차 한 잔 마시면서 '교수님, 이런 자료가 있는 거 같습니다'라고 이야기하고 제 사무실로 오고 교수님은 연구실로 가셨는데 그 사이에 교수님에게 메일이 와 있었습니다. '상민씨, 아까 이야기했던 그 자료 몇 개 보냅니다'라고 하면서 말이지요. 그런 선생님이 어디 있습니까?"

또 한가지는 제자들에 대한 각별한 애정이란다. 학생들에게는 한없이 약한 사람이다. 제자들을 생각하면 피눈물이 난다고 했다. 지방대학 출신이라는 이유로 제자들이 취업 등에서 겪는 어려움을 두고 한 말이다. 그래서일까, 제자들에게 도움이 되는 것은 무엇이라도 하려는 '선생'의 모습을 종종 보였다.

"교수님이 제자들과 수업을 통해서 만든 공저 책들이 몇 권 있거든요. 그 책들은 사실 온전히 학생들을 위해서 만든 거죠. 학생들이 제출한 리포트 다 고쳐서 피드백해주시고 그거 묶어서 책 낸 겁니다. (『권력과 리더십』이라는 책인데 6권까지 시리즈로 나왔다) 학생들 입장에서는 책의 공저자가 되는 거고 이력서 한 줄이라도 쓸 수 있고 어디가서 그 책 작업에 참여했다 이렇게 말할 수 있는 거죠. 학생들에게는 큰 도움이 되는 거죠."

학생들에게 방학 중에 자진해서 글쓰기 특강을 하곤 했다. 운전하는 중에는 책을 볼 수 없다며 운전도 배우지 않고 연구실에 전화도 두지 않았을 만큼 시간을 아껴 쓰던 사람이 천금 같은 시간을 제자들에게 내준 것이다. 제자들에게 베풀 수 있고, 표현할 수 있는 최대한의 애정이었다. 글쓰기 특강 내용은 당연히(?) 책으로 냈다.『글쓰기가 뭐라고』라는 책이 바로 그 책이다.

전상민에게 당신이 유일한 박사 제자이니 혹시 스승이 어떤 식으로든 학계에 자리를 챙겨주려고 하지 않았느냐고 물었다. 강준만은 전북대 신방과를 창설한 사람인만큼 힘을 쓰려고 하면 쓸 수도 있을 테고 자신의 제자를 학계에 남겨두고 싶은 마음도 있지 않을까 싶었는데, 전상민 본인이 그런 것을 기대한 적도 없거니와 '스승' 강준만은 그런 일을 생각도 하지 않을 분이라고 했다.

전상민은 은사에 대한 세간의 평가가 안타깝다고도 했다.

-제자로서 강준만의 상처와 아픔에 대해서 생각해 보신 적이 있습니까.

"그렇죠."

-강준만 교수가 그런 상처를 가끔 표현을 하시나요?

"잘 표현을 안 하시지만 쓸쓸한 모습을 보일 때가 있지요."

-어떤 때 그런 모습을 보이던가요?

"교수님이 예전에 '치어리더론' 말씀하신 적 있잖아요. 그 말은 사람들이 자신의 글을 제대로 읽지 않고 제대로 판단하지 않는다는 이야기잖아요. 그런 면에서 많이 아쉬워하시는 거 같습니다. (…) 국민의힘을 비판하지 않는 이유 중에 하나는 국민의힘 비판한다고 바뀔까요. 민주당을 더 비판하는 것은 민주당에 대한 애정이 있기 때문에, 진보에 대한 애정이 있기 때문에 비판을 하시는 거죠. 여전히 비판적 지지를 하시는 거라고 봅니다. 민주당이나 진보 진영에서도 왜 강준만이 이런 비판을 할까 생각해보면 좋을 거 같습니다."

▌체념의 미덕, 그 쓸쓸함

2019년 『그 순간 그 문장이 떠올랐다』는 제목의 명언 에세이를 펴냈다. 50개의 주제어를 뽑아 그에 대한 설명을 붙인 책이다. 첫번째 주제어가 '고독', 두번째 주제어가 '외로움', 세번째 주제어가 '고립'이다. 이 소제목을 하나로 묶은 단락 제목은 '사람과 사람 사이에서'다. 예순을 훌쩍 넘긴 나이에 고립, 고독, 외로움 같은 단어가 우선 떠올랐던 모양이다.

2018년에 펴낸 『평온의 기술』은 체념의 미덕을 말하는 책이다. 강준만이 말하는 체념과 포기의 미덕은 낯설다. 타도와 응징을 말하던 사람이 성찰과 소통을 이야기할 때 낯설었던 것처럼 '체념'도 낯설게 들린다.

체념하자. 물질적 탐욕만 탐욕이 아니다. 모든 사람에게 다 좋은 말을 듣겠다니 그건 물질적 탐욕보다 더한 탐욕이다. 그렇게 체념하고 나니 마음이 편해졌다. (『평온의 기술』, 50쪽)

자신에 대해 비판하려면 자신의 책 몇 권은 읽고 하라며 게으른 게 특권은 아니라고 일갈하고, 글 한 꼭지를 쓰기 위해 한 잡지의 창간호부터 최신호까지 모두 읽어내던 사람이다. 현장 취재기자보다도 자신이 더 많은 것을 알고 있다고 자부할 만큼 치열하게 살던 사람 아닌가.

그 자리에 없었던 사람이 어떻게 그렇게 잘 아느냐고? 그간 추미애가 해온 모든 주장을 거의 빠짐없이 챙겨서 읽었기 때문이다. 어떤 점에선 현장을 뛰는 기자보다는 추미애를 한 번도 본 적이 없는 내가 더 '추미애 전문가'일 수 있는 것이다. (『노무현 죽이기』, 138쪽)

다른 것은 다 포기해도 남들에게 인정받는 것만큼은 포기하지 못하는 것처럼 보였는데 남의 인정받으려 몸부림치지 말고 '나를 위한 삶'을 살라고 권고한다.

'체념의 지혜'라는 말은 보통 두 가지 용법으로 사용된다. 하나는 세상의 잘못된 구조와 관행에 타협하는 '체념의 지혜', 또 하나는 남의 인정을 받기 위해 투쟁하는 삶과 결별하는 '체념의 지혜'다. (…) "도대체 내가 무엇을 위해 사는 건가?"라는 근본적인 물음에 스스로 답하면서 남의 인정을 받는 것의 가치를 재평가해 보는 것도 체념이다. (『평온의 기술』, 46쪽)

신도들이 떠난 개척교회 목사 같다. 신자들이 신의를 저버린 것인지, 아니면 목사의 설교가 정통 교리에 어긋나는 것인지 간단하게 말하기는 쉽지 않다. 나이 들어갈수록 세상이 더 크게 보이고 더 넓게 보이는데 그런 생각은 세상을 바꿀 힘이 안 되니 세대교체가 필요하단다. 자신을 객관적으로 보려는 자세를 잃지 않는 천상 지식인이다.

"나이든 사람들이 세월 관련해 쓴 글들을 보면 인간들이 생각하는 게 다 똑같다. 왜 나이 들수록 보수화된다고들 생각할까? 인간이니까. 이념과 지향성을 내세웠어도 세상 살아가는 것은 다 비슷해요. 그런데 이런 생각은 세상을 바꾸는 동력이 안 되니 세대교체가 필요하다고 느끼는 거죠." (김종목과의 인터뷰, 경향신문, 2020.8.8.)

달라진 세상에서 자신이 소수라는 것을 기꺼이 인정한다. "부디 정치를 이성으로 해야 한다고 믿는 이교도들에 대한 자비를 베풀어 주시면 고맙겠다"는 말은 선교의 소명을 박탈당한 선교사의 절망으로 읽힌다. 정치인은 말할 것도 없고 유권자들마저 정치를 신앙으로 떠받드는 세상에서 느끼는 소외감의 표현이다. 2021년 2월 전북대 퇴임 무렵 『연합뉴스』 인터뷰에서는 "(현재 한국 사회를 보면) 역사에는 거쳐야 될 과정이 있는가 정도로 생각하면 오히려 세상이 낙관적으로 보인다"고 했지만, 이 말도 얼마쯤은 자신의 마음의 평온을 지키려는 말처럼 들린다.

"저 사람은 믿었는데, '너마저 그러네' 매번 이렇게 펑펑펑 깨져 나가니 (⋯) 집단의 문제고 시대의 문제고 피치못할 역사의 한계가 있겠구나 하고 봐요. 거시적으로 미시적으로 골고루 보는 시각을 가지는 게 좋겠다 싶어요. 그러면 많이 평온해지죠." (김종목과의 인터뷰, 경향신문, 2020.8.8.)

이제 자신에게 남은 야망은 '곱게 죽는 것'이라고 말한다. 비슷한 또래들이 돈과 건강 이야기를 하는 것이 그렇게 싫었는데 이제는 그런 이야기도 지겹지 않다. '일상에 매몰된 아주 진부한 놈들' 중의 하나가 되어가는 자신이 기특하고 대견스럽단다. 일흔이 멀지 않은 나이 탓도 있겠지만 강준만도 이제 지쳤나 싶은 생각이 든다. 세월 앞에서 어쩔 수 없구나, 천하의 강준만도 이렇게 백기를 드는가 싶다. 자기 역시 '강물에 떠가는 한 점 이파리 같은 존재'라고 말하는 강준만을 보는 것은 다소 쓸쓸한 일이다.

김종목 미니 인터뷰 ────────

『경향신문』 김종목 기자는 2007년, 2013년 그리고 2020년 모두 세 차례에 걸쳐 강준만과 심층 인터뷰를 했다. 기자들 가운데 가장 많이 그리고 오랜 동안 강준만을 지켜본 언론인이다. 김종목은 강준만을 소탈하고 격식을 따지지 않는 '시골 동네 아저씨' 같은 사람으로 표현했다.

- 오랜 경력이 있는 언론인으로 사람을 만나보면 그 사람에 대한 느낌이 있지 않습니까. 괜찮다든가, 악하다든가… 그런 측면에서 강준만 교수는 어떤 느낌인가요.

"기자 10년 하면 그런 촉이 오죠. 강준만 교수 책은 대학 때부터 읽었죠. 2007년 『민주화 20년, 지식인의 죽음』, 2008년 『한국 소통합시다』 시리즈 취재 때는 주로 이메일로 문답을 주고받았어요. 실제로 처음 만난 건 강교수가 『갑과 을의 나라』을 낸 2013년입니다. 한때 한국을 뒤집어놨던 지식인이라 날카롭고 냉정할 줄 알았죠. 실제 만나보니 아주 샤프한 느낌은 안 들었어요. 동네에서 말 많고 오지랖도 넓고, 친절한 아저씨. 솔직하고 정직하다는 느낌도 받았어요. 속된 말로 목에 칼이 들어와도 자기 고집 안 꺾을 것 같은 사람이라는 생각도 들었고요. 소탈함과 강단이 꼭 상반되는 것은 아닌 거 같아요. 2020년 만나 뵈니까 더 유연해지고 부드러워진 느낌은 있죠. 제가 나이 들면서 생긴 느낌인 거 같기도 하고요. 어느 진영에 포섭되지 않는, 불편부당함은 지금도 여전하신 거 같습니다."

사전 질문지 같은 것을 요구하지 않고 어떤 질문에도 막힘이 없는 내공이 대단한 지식인이라고 평가했다.

"저는 사건, 사고와 관련된 '스트레이트'나 짧은 현안 인터뷰가 아니면, 인터뷰 녹취를 풀어 문답을 정리하면, 본인에게 꼭 확인을 거치는데요, 이분은 말하는 것을 글로 옮겨 쓰면 그대로 문장이 됩니다. 들을 때는 동네 아저씨가 사투리를 세게 쓰며 술집에서 떠들며 이야기하는 듯한데, 나중 정리할 때 놀라죠. 뉘앙스 고려해서 문장에서 단어 한두 개 고치는 거말고는 손볼 게 없어요. 6하원칙에 맞게 딱 문장이 나와요. 정보 습득량이 많으신 건 유명한데, 체계적인 사고 능력도 훌륭하신 거 같았어요. 그 방대한 정보를 평소 머릿속에 분류, 저장하고, 말과 글로 풀어내는 게 대단하다고 생각했어요. 타고난 측면도 있는 거 같습니다. 말을 옮기면 글이 되니까 그런 다작도 가능한 거 아닌가 싶습니다."

- 이 분이 기자들 별로 안 만나고 두 번 만난 기자도 없는 거 같더군요. 그런데 어떻게 세 번씩이나 만나실 수 있었습니까.(이 질문에 대해 김종목은 실제 만난 건 2013년과 2020년 두 번이고, 2007, 2008년엔 주로 메일로 인터뷰하고 기고를 요청한 것이라고 밝혔다)

"제가 2020년 기사를 쓰고 난 뒤에 술 마신 정신에 개인적인 메일을 한 번 보낸 적이 있습니다. '지식인이라는 사람들이 다들 진영 논리에 빠져 있는데 믿을 사람은 선생님밖에 없습니다' 뭐 그런 내용이었는데, 그런 메일에는 답을 안 하세요. 그런데 사무적인 메일에는 칼같이 답을 주십니다. 제가 조금 실수를 한 거죠. 사람들이 안면을 트거나 조금 친해지면 기자도 그렇고 취재원도 그렇고 조금 엉기잖아요. 개인적인 안부도 묻고 사담도 나누다 자주 술도 마시고 하는 사이가 되기도 하고요. 그런데 이분은 그런 거에는 선을 확실히 긋는 듯합니다. 말씀 소탈하게 하시고 '나중에 한 잔 하자' 이런 말씀도 하시고, 지역 사람들 모임에도 곧잘 나가시는 듯했지만, 일과 관계를 두고는 명확한 기준을 갖고 틈을 보이지 않는 듯했어요. 술 먹고 어울리면 흐트러지니까 사교적이거나 친밀하게 엮이는 것은 최소화하며, 경계하는 듯했고요. 읽고 쓰는 것 이외에는 시간을 안 뺏기려는 거 같고요. 그런데 세상일이나 세상 사람들에 대한 관심이 깊은 건 분명했죠."

7장

문제의 본질은
대중과의 불화

▌정치의 무덤 위에 핀 촛불

2000년대 이후 한국 정치를 움직여온 것은 촛불 대중들이었다. 2002년 촛불이 노무현 정권 탄생에 기여했고, 2008년 촛불은 집권 1년차 이명박 정부를 뒤흔들었다. 2017년 촛불은 급기야 대통령 박근혜를 권좌에서 끌어내렸다.

촛불집회를 통해 대중들의 정치적 효능감은 극대화되었다. 대중들은 굳이 정치인의 손을 빌리지 않더라도 정권을 만들 수도 있고 대통령도 끌어내릴 수 있다는 것을 알게 됐다. 1970년대와 1980년대 반독재 민주화 운동에 직간접적으로 참여한 세대는 물론, 월드컵 거리응원 등을 통해 광장집회를 축제로 경험한 세대들에게 '촛불'을 통한 정치적 의사 표시는 하나의 문화로 자리잡았다.

21세기 벽두 한국 사회를 뒤흔든 세 차례 대형 촛불집회에 강준만은 별로 흥분한 적이 없다. 촛불시위를 예찬하는 격문을 쓸 수도 있고 민중들의 거대한 함성을 역사를 만드는 원동력으로 해석하는 글을 쓸 수도 있을 텐데 그런 글은 찾아보기 쉽지 않다. 무심하거나 거리를 두거나 냉소적이다.

2002년 미군 장갑차에 희생된 효순·미선 양 추모 촛불집회는 1987년 민주화 시위 이후 15년 만의 최대 집회였다. 이 집회는 대통령선거운동 기간과 겹쳤다. 반미 정서가 지배하는 집회가 서울시내 한복판에서 열렸으니 반미 좀 하면 어떠냐고 말한 노무현 후보에게

호재, 상대 이회창 후보에게는 악재였다. 반미 이슈가 대중 집회 이슈가 되었다는 점에서도 적잖은 의미가 있었다. 정치적으로나, 역사적으로 주목할 만한 사건이었지만 강준만은 이 사건에 대해 별다른 관심을 두지 않았다. 『한국현대사 산책』에서도 2002년 촛불시위에 대한 기록이나 평가는 없다.

2008년 촛불집회는 이명박 정부 집권 1년차에 열렸다. 미국산 쇠고기 수입 문제로 촉발된 촛불집회는 5월부터 석 달 넘게 진행되었다. 초기에는 평화적으로 진행되었고 10대 학생, 가족 단위 참가자들이 눈에 띄면서 '민주주의 2.0'이라는 평을 들었다. 그러나 후반부로 가면서 과학적으로 검증되지 않은 괴담들이 유포되고 마녀사냥식 여론몰이도 있었다. 시위가 폭력성을 띠면서 그 후유증이 만만치 않았다.

강준만은 『한국현대사 산책』(제5권)에서 이 시위의 전개 과정과 의미에 대해 60쪽 넘게 상술하고 있다. 광우병 촛불집회가 한창이던 2008년 6월 30일, 『한겨레』에 「정치의 무덤 위에 핀 촛불」이라는 칼럼을 썼다. "촛불집회는 '반反정치'의 성격을 갖고 있다. '정치의 무덤' 위에 핀 꽃이다. 그간 정당들이 해온 일을 생각하면 당연한 결과지만, 이후 정치권이 더 큰 불신과 혐오의 대상으로 전락할 수 있다는 걸 생각하면 답답해진다"라고 했다. 또 다른 칼럼에서는 "무슨 큰일이 터질 때만 광장으로 몰려나가 시위를 한다고 해서 무엇이 달라질까. 그런 시위를 할 때 하더라도 그 열정을 제도화하는 고민을 같이 해보자"고 제안했다. 무엇에 반대하는 네거티브 운동이 아니라 무언

가를 만드는 포지티브 운동을 하자는 말이라지만 대중 집회에 회의적인 시각이 느껴진다.

'촛불'의 힘은 막강했다. 불과 6개월 전 대통령선거에서 사상 최대 표차로 압승을 거둔 대통령 이명박이 촛불시위대 앞에서 고개 숙여 사과했다. '촛불'이 대통령을 무릎 꿇렸다며 진보 진영은 환호작약했지만 보수 진영은 긴장했다. 촛불에서 희망을 보고, 새로운 민주주의 가능성을 발견한 사람들도 적지 않았다. 강준만은 이런 생각에 동의하지 않았다. '정치의 무덤 위에서 핀 촛불' '반정치'라는 말에 희망과 기대가 담겨 있다고 보기 어렵다. 무슨 일이 있을 때마다 광장으로 몰려나간다고 해서 뭐가 달라지겠느냐는 말에서는 오히려 냉소가 느껴진다. 『한국현대사 산책』(제5권)에서 강원택과 한홍구의 대담을 길게 인용한 뒤, 이후의 역사는 강원택의 말이 옳았다며 강원택의 손을 들어준다. 강원택의 생각에 동의한다는 뜻이다. 그 때 강원택의 이야기는 이런 내용이었다.

"이번 사태는 국가와 시민이 직접 맞부딪히고 중간에 완충지대가 없어 악화된 것으로 볼 수 있습니다. 제도적 장치가 필요합니다. 촛불이 줄고 국회가 맡는 게 바람직하다고 봅니다. (…) 정치제도적으로 본다면 거리 정치의 활성화는 바람직하지 않다고 생각합니다. 국민의 의사가 참여 민주주의 형태로 표현되는 건 바람직하지만, 제도권 정치를 대신해 문제 해결의 방식이 되면 장기적으로 제도에 혼란을 줄 수 있습니다."(『한국현대사 산책』제5권, 135쪽에서 재인용)

대중 동원 정치에 대한 부정적인 생각은 2008년 광우병 촛불시위

이전부터 갖고 있었다. 2007년 「조희연: 민중의 분노, 위협이 대안인가」라는 제목의 글에서 강준만은 이렇게 썼다.

우리에게 필요한 건 분노, 위협의 동원 정치가 아니다. 구체적인 정책을 차분하게 입안하고 실천해 나가는 게 아닐까? 노무현 정권처럼 말로만 뻥을 쳐 전혀 불필요한 반감과 저항을 창조해내면서 실천은 하지 못하는 '엉터리 포퓰리즘' 전략이 아니라, 모두를 껴안으면서 설득하는 부드럽고 겸허한 헤게모니 전략이 필요하지 않겠느냐는 것이다. (『월간 인물과 사상』, 2007년 5월호)

강준만은 그로부터 6년 뒤 펴낸 책에서 광우병 촛불집회의 부정적인 면을 다시 한번 지적한다. 2008년 광우병 촛불집회가 이른바 '일베'의 태동 근거가 됐다는 것이다. 일부 좌파 대중의 광기가 극단적 우파의 반동을 불러왔다는 분석이다.

일베의 태동 근거는 진보좌파가 오버했던 2008년 촛불시위다. 진보좌파의 성찰을 위해서도 촛불시위는 다시 음미해볼 필요가 있다. 이 시위에서 두드러지게 나타난 일부 좌파의 과욕, 또는 가벼움이 진보좌파의 책임 윤리에 대한 의구심 촉발과 더불어 촛불을 소멸케 하는 결과를 초래했기 때문이다. (『싸가지 없는 진보』, 2014년)

2016년 시작된 촛불집회는 연인원 1600만 명이 참가한 사상 최대

규모였고 현직 대통령을 최고 권좌에서 끌어내렸다. '촛불혁명'이라는 표현이 나올 만큼 한국현대사에 굵은 글씨로 기록될 사건이다. 최대 200만 명이 넘는 인파가 모였고 주로 야간에 열렸지만 시위는 혼란 없이 평화롭게 진행되었다. 대통령의 하야와 구속이 피 한 방울 흘리지 않고 총알 한 방 사용하지 않고 이루어졌다.[*] 대중은 스스로가 보여준 힘과 절제력, 성숙함에 자부심을 느꼈다. 외신도 한국 사회의 역동성과 저력을 보여주는 것이라고 평가했다.

이 과정은 강준만이 김환표와 함께 쓴『약탈 정치』에 60쪽 분량으로 상세히 기술되어 있다. 기록은 촘촘하지만 촛불시위에 대한 서술은 담담하다. 촛불이 나라를 구하고 역사를 바꿨다는 촛불 예찬이나 열광은 책 어디에서도 느끼기 어렵다. '혁명'이라는 표현도 거의 찾아보기 힘들다. "박근혜는 하야하라"고 외치던 대중들의 정서를 반영하고 있는 기록은 아니다. 촛불 대중이 만들어낸 장엄한 서사극이라기보다는 보수 정권의 자멸 과정을 그리는 한 편의 다큐멘터리를 보는 느낌이다.

『약탈 정치』가 출간된 것은 2017년 4월, 문재인 후보의 승리와 진보 진영의 세번째 집권을 앞둔 시점이었다. 촛불혁명을 잊어서는 안 된다는 내용이나 촛불혁명의 대의를 이어가야 한다는 말보다는 과거의 역사가 주는 교훈을 잊지 말라고 충고한다. 한국 사회의 습속이

---

[*] 2017년 3월 10일 박근혜 대통령 탄핵 결정 선고 당시, 헌법재판소 앞에서 탄핵 반대 시위를 벌이던 70대 김모씨가 대형 스피커에 머리를 맞아 숨지는 등 모두 두 명이 사망하는 사건이 있었다. 이 집회는 광화문 집회와 성격이 다르다.

된 '약탈 정치'는 보수 정권만의 문제가 아니라는 것이다.

이명박 박근혜 정권에 아무리 많은 문제가 있었다 하더라도 그 기간의 대부분 야당의 지지율이 여당 지지율의 반토막 수준이었다는 것은 무엇을 말하는가? 이 점에도 큰 의미를 부여하는 우리는 한국의 '약탈 정치'를 편가르기나 당파적 관점에서 보려는 것이 아니라 '약탈 정치'가 정치경제적일 뿐만 아니라 사회문화적으로 구조화, 습속화 되어 있는 현상에 주목하고자 한다. (…) 이 기록의 의미는 망각과 냄비근성을 넘어서 과거를 교훈의 텃밭으로 삼는 데에 있다. 망각과 냄비근성은 우리 근현대사의 수많은 갈등과 상처, 삶의 고난과 시련을 넘어서게 만드는 데에 적잖은 기여를 하긴 했지만, 우리에게 과거를 통한 배움의 기회를 박탈하는 심각한 문제점을 낳고 있음은 주지의 사실이다. (『약탈 정치』, 머리말에서)

▌대중의 언어로 말하는 엘리트주의자

지식인으로, 저술가로 강준만에게 일관되는 것은 대중과의 불화였다. '전기'에도 불화했고 '이행기'에도 불화했고 '후기'로 가면 그 불화의 정도가 더 심해진다. 수없이 많은 말을 하고 글을 썼지만 대중 속으로 뛰어들거나 대중에게 둘러싸인 채 말하는 모습을 보인 적은 없다. "지성은 기본적으로 생각과 말의 영역에서 발휘되는 것이지 행동과는 거리가 있다"는 생각을 가지고 있다. 대중을 하늘처럼 떠받드는 사람이 아니었다. 오히려 대중에게 설교하고 훈계하고 꾸짖는 쪽에 가까웠다.

개혁을 발목 잡는 건 수구기득권 세력일 뿐 아니라 100년이 넘는 세월 동안 그들의 지배 체제하에서 '길들여진' 대중의 의식구조와 관행도 포함된다. '지식인 나부랭이가 우리를 가르치려고 든다'는 반감, 거부감, 맹렬한 비판 그런 것에 주눅들 필요가 없다. (『노무현과 국민사기극』, 머리말에서)

대중의 언어를 쓰지만 대중주의자는 아니다. 대중의 언어를 쓰는 엘리트주의자다. 어느 순간에도 대중에게 영합하거나 아부하지 않았다. 굳이 따지자면 그러는 모습을 경멸하는 쪽이었다. 대중에게 환호를 받던 시절에도 대중주의자는 아니었다. 아무리 평등을 추구하더라도 누군가는 대통령을 해야 하고, 도지사를 해야 하고, 시장을 해야 하고, 총장을 해야 하고, 사장을 해야 한다고 했다. 모두 다 평등하게 사는 세상은 추구해야 할 이상이지만, 그 이상을 대안으로 삼을 수는 없다는 것이다. 비평 활동 초반기인 1998년 사회학자 김종엽과 주고받은 이 대화 내용을 보자.

- 김종엽: 선생님께서는 평등주의가 아니며 사회를 이끄는 것은 창조적 소수라는 확신을 갖고 계신 거 같습니다.
강준만: 대중의 기량과 창조적 소수의 리더십, 그 두 가지가 상충되

는 것은 아니라고 생각합니다. 천재적인 인간은 있습니다. 그것을 우리가 부정할 필요는 없다는 것이지요. 그렇다고 해서 절대다수 대중을 깡그리 무시하자는 이야기는 아닙니다. 둘이 서로 상호 교류하고 영향 주면서 발전해가자는 것이지요. 민중주의라고 해서 리더십 자체를 부정하는 것은 잘못입니다. (김종엽과의 인터뷰, 『1998 REVIEW』가을호)

"농부가 하늘을 탓할 수 있겠느냐"는 노무현의 말이나 "국민은 무조건 옳다"는 윤석열의 이야기에 절대 동의하지 않을 것이다. 정치인에게 대중은 항상 옳고 바르고 따라야 할 존재지만 '지식인 강준만'에게 대중은 늘 흔들리고 유혹에 약하고 책임의식은 박약한 존재였다.

유권자들은 바람에 약하고 분위기에 휩쓸리는 경향이 농후하며 자신들의 투표 행위에 대한 책임의식도 박약하다. 우리는 '민심은 천심'이라는 원칙하에 감히 그것을 비판하지 못한다. 다만 정치인들이 그런 속성에 영합하는 행위를 하는 것만을 비판의 대상으로 삼을 뿐이다. (『대한민국 소통법』, 60쪽, 2009년)

대중에 대한 비판은 새천년민주당 분당 이전에도 하고 있었고 비판 수위도 높았다. 2001년 펴낸 『노무현과 국민사기극』은 곳곳에서 대중들의 이중성을 질타하고 있다. 책 제목을 얼핏 보면 국민들이 사기의 피해자인 것처럼 보이지만 사실은 국민들이 집단적으로 사기를 치고 있다는 독설이다. '국민 여러분, 사기 치지 마세요'라고 하는 게 정확하다. 그런 제목을 달고 "딱 깨놓고 이야기해서 대부분의 사람들이 사회 정의에 별 관심 없다. 다 경제에만 미쳐 있다" "한국인은 프라이버시가 보장되는 개인적인 공간에서만 운동권 투사일 뿐이다. 그들은 다른 영역에선 보수주의자가 되며 극우 파시스트의 냄새를 풍기기도 한다"고 질타했지만 대중들은 그런 강준만에게 환호했다.

이런 경험이 있기 때문에 새천년민주당 분당 과정에서 진보 진영 대중들에게 자신이 쓴소리를 해도 받아들일 것이라고 생각했다. 자신의 그 책에 열광하는 사람들이라면 그 정도의 합리성과 포용력은 가지고 있을 것이라 믿었다. 착각이었다. 진영이 달라지자 대중들은 싸늘하게 얼굴색을 바꾸고 외면했다.

강준만을 포박해서 무대에서 끌어내린 것은 적장도 아니고 권력자들도 아니었다. 대중들이었다. 한때 자기에게 뜨거운 환호와 박수를 보내던 노무현 지지자들이었다. 자신의 책에서 길을 찾았다고 말하던 애독자들, 자신을 '진정한 지식인'이라고 부르며 열광하던 바로 그 사람들이었다.

인터넷 시대에 들어서면서 대중들은 굳이 지식인들에게 의존할 필요가 없었다. 지식인은 더 이상 존중의 대상도 아니었다. 정보와 지식은 인터넷에서 얼마든지 구할 수 있었다. 자신들이 듣고 싶은 것, 보고 싶은 것을 골라 보면서 자기들의 경험과 논리로 무장하고 있는 것이다. 2004년 12월 저널룩『인물과 사상』의 종간을 고한 마지막 권에서 인터넷 시대의 명암을 10개 항목으로 나누어 설명한다. 그

가운데 세 개 항목이 대중과 지식인의 관계에 대한 이야기다. 20년 전 분석이지만 지금 봐도 단 한 줄 틀린 이야기가 없다. 대중이 지식인을 필요로 하지 않는 시대, 지식인과 대중이 불화하는 시대를 예고하는 동시에 자신의 앞날을 암시하는 글이기도 하다.

> 여덟째, 인터넷은 '지식인의 종언'을 현실화하는 마지막 일격이다. (…) 인터넷은 모든 시민을 지식인으로 만들었다. 일부 전통적 지식인들이 최근의 한국 사회에 '반反지성'의 물결이 넘친다고 개탄하는 건 바로 그런 근본적인 변화와 무관치 않다. (…)
> 아홉째, 인터넷은 전통적 지식인의 자기 검열을 강화한다. (…) 지식인이 논란의 소지가 큰 글을 쓰면 상상을 초월하는 인신공격을 각오해야 한다. (…)
> 열째, 인터넷은 활자매체의 목을 조르고 있다. (…) 신속성, 영향력, 만족도 등 모든 면에서 책은 인터넷의 경쟁상대가 되질 않는다. (『인물과 사상』 제33권, 머리말에서)

2019년 「왜 대중은 반지성주의에 매료되는가」라는 논문을 썼다. 보수 진영에서는 '일베'와 '박사모', 진보 진영에서는 '노빠'와 '문빠' 최근 들어서는 '개딸'로 상징되는 정치적 대중들이 왜 반지성주의에 매료되는지 분석하는 글이다. 강준만은 반지성주의를 "지성의 유무나 정도가 아니라 지성의 작용 방식을 기준으로 이성적, 합리적 소통을 수용하지 않는 정신상태나 태도"라고 정의하면서 그 3대 요소로 신앙적 확신, 성찰 불능, 적대적 표현을 제시했다.

신앙적 확신은 이미 어떤 사안에 대해 움직일 수 없는 '정답'을 갖고 있는 상태, 성찰 불능은 그로 인해 성찰 기능이 작동하지 않아 소통을 무의미하게 만드는 상태, 그리고 적대적 표현은 자신의 '정답'을 실천하기 위해 다른 의견을 가진 사람을 적대적으로 대하면서 욕설과 인신공격도 불사하는 공격적 태도를 말한다. (「왜 대중은 반지성주의에 매료되는가」,『정치-정보 연구』22권, 1호)

강준만은 이 글에서 반지성주의는 사회 전반에 대한 불신과 무관하지 않으며 지성을 대변하는 것으로 여겨지는 지식인과 전문가 집단에 대한 불신을 온상으로 삼아 번성한다고 진단했다. 반지성주의를 언급하는 것 자체에 대한 대중들의 강한 반감도 그런 맥락에서 이해할 수 있다는 것이다.

▌팬덤 정치는 진보 반동 시대의 특징

새천년민주당 분당과 열린우리당 창당은 강준만 인생에서 가장 쓰라린 경험이었다. 다수 대중과 자신의 생각이 다를 경우에는 자신이 물러나는 것만이 해법이라며 쓸쓸히 퇴장했다. 2003년 겨울에서 봄으로 넘어가던 그 때『한국현대사의 길잡이 리영희』라는 제목의 책을 썼다. 왜 그 시점에 하필 리영희였을까? 리영희의 삶을 통해 한국 현대사를 보겠다는 생각도 있었겠지만 자신의 삶을 리영희의 삶에 비추어 보면서 위로 받고 싶었던 것 같다. 리영희의 서재에 걸려 있었다는 백범 김구의 휘호를 서문에 적은 것도 다 그런 이유에서일 것이다.

눈길을 걸을 때
흐트러지게 걷지 마라
내가 걷는 발자국이
뒤에 오는 이의 길잡이가 될 것이니

격변의 계절, 배신의 시간을 강준만은 외롭게 사는 것, 힘들게 사는 것을 두려워하지 않았던 한 지식인의 글을 읽고, 그의 글을 필사라도 하듯 한 자 한 자 옮겨 적으면서 보냈다. 리영희 삶을 되짚어보면서 몸보다 마음이 더 추웠던 시간을 보냈다. 자신의 경험이 스승의 경험과 크게 다르지 않다는 것에서 위안을 얻는다.

『한국현대사의 길잡이 리영희』라는 제목은 '내 인생의 길잡이, 리영희'라고 붙여야 더 적절하다. 스승이 없다고 말하지만, 리영희야말로 강준만의 '스승'이었다. 지식인의 자세와 삶을 대하는 태도를 리영희에게 배웠다. 왜 글을 쓰는지, 글은 어떻게 써야 되는지도 가르쳐준 사람이다.

다른 사람들의 이야기를 빌려 본인의 이야기를 하는 것은 강준만의 특징이다. 리영희는 4·19 혁명 당시 시위대 앞에서 메가폰을 들고 이제 승리했으니 계엄군을 도발하지 말라는 연설을 했다. 그의 호소는 성난 대중에게 먹혀들지 않았다. 오히려 대중에 밀려 의자에서 굴러 떨어졌다. 대중에게 버림받고 스스로 퇴출을 선택한 강준만의 모습이 여기에 겹쳐진다.

"나는 망가진 의자를 버린 채 메가폰만 들고 편집국으로 돌아왔다. 컴컴한 숙직실에 들어가 침대 위에 누운 나의 눈에서는 한없이 눈물이 흘러내렸다. 좌절감과 원통의 눈물이었다. 군중 앞에 무력한 개인의 고독감을 견딜 수가 없었다. (…) 나는 거부당한 것이다. 어쩌면 '군중의 이성'이 옳았는지도 모른다."(『한국현대사의 길잡이 리영희』 62쪽에서 리영희의 글 재인용)

리영희에 대해 쓴 책 곳곳에서 민중에 대한 아첨을 경계하는 글을 찾아볼 수 있다.

프란츠 파농의 메시지 가운데 하나가 바로 '민중'에 대한 아첨을 경계하라는 것이었다. 김종철의 해설에 따르면, (…) "억압의 상황에서 살아온 민중이 억압의 구조를 파악하기 힘들고 디테일에 몰두하기 쉽다는 사실은 간과하지 말아야 할 것이다. (…) 파농은 식민주의의 미혹에 빠져 있던 지식인이 자기 나라의 현실을 발견하였을 때 흔히 민중에 대하여 아첨을 한다는 사실을 지적하였다. 식민주의와의 투쟁은 민중의 어리석음에 대한 투쟁을 의미하는 것이기도 하다." (『한국현대사의 길잡이 리영희』, 41쪽)

새천년민주당 분당에서 시작된 대중과의 불화는 20년 넘게 계속되고 있다. 친노·친문 세력과의 불화와 갈등으로 보였지만 사실은 대중과의 불화가 본질이다. 대중들의 반발을 불러올 수 있는 표현은 강준만 책에서 얼마든지 찾아볼 수 있다. 이런 생각은 시간이 갈수록 더 분명하고 뚜렷해진다.

정치인에게 대중이나 유권자는 성역이지만 강준만에게는 결코 성역이 아니다. 대중도 비판의 대상에서 예외가 될 수 없고 필요하면 대중에게도 책임을 물어야 한다고 확신한다. 그러니 정치인이라면 할 수 없는 이야기를 두려움 없이 한다.

> 유권자는 전지전능한 신은 아니라는 것이다. (…) 정치인들을 맹비난하더라도, 유권자들이 조금이라도 나누어져야 할 책임까지 그들 탓으로 돌릴 필요는 없다는 이야기다. 그래야 변화도 가능해진다. (…) 지식인의 대중 비판을 '일방적인 훈계'라고 비아냥댈 게 아니라 '훈계'를 서로 주고받자는 말이다. (…) 인터넷은 그런 상호성에 있어서 큰 축복이다. 적어도 나의 경우 대중으로부터 엄청난 '훈계'를 받고 있다. 그들을 비판과 개혁 대상의 성역으로 모시는 일은 그만두자. (『정치전쟁』, 87쪽, 2022년)

훈계하고 독설을 늘어놓는데 이를 반가워할 사람이 어디 있을까. 강준만 이야기에 귀 기울이는 사람이 줄어드는 것도 대중들을 향한 훈계, 지적질과 무관하지 않다.

소비자를 황제처럼 떠받드는 '소비자 민주주의'의 포로가 되었기 때문이다. 겨우 소비자의 윤리와 책임을 묻는 일마저 엘리트주의로 여기는 이상한 미신이 횡행한 탓도 크다. (…) 유권자의 대다수가 구경꾼 노릇을 하고 있는 가운데 전체 유권자의 1퍼센트도 안 되는 과격파 또는 순수주의자들이 타협을 적대시하는 열성적 참여를 하면서 정치인들에게 영향을 미치고 있는 게 현실이다. (『정치를 종교로 만든 사람들』, 110쪽)

미국 언론인 월터 리프먼에 대해 2017년에 쓴 논문 「언론학에서의 이상주의와 현실주의」에서도 대중주의의 함정을 경계했다. 루스벨트와 뉴딜 정책을 지지하던 미국 대중이 10여 년 후 조지프 매카시 상원의원의 매카시즘을 지지했다면서 "대중의 의견이 정부를 지배하는 곳에선 권력의 참된 기능에 병리적 이탈"이 일어난다고 주장한다.

(리프먼은) 대중의 참여는 다다익선이라는 생각을 반박하면서 중요한 시기, 중요한 문제에 전문 지식도 책임도 없는 공중이 결정케 하는 것은 파괴적인 결과를 낳을 수 있다고 경고했다. (『커뮤니케이션 이론』 13권 4호, 116쪽)

강준만은 이미 십수 년 전 정치인들이 대중에게 좌우되는 세상이 되었다는 진단을 내린 바 있다. 김대중·김영삼 같은 카리스마형 정치인의 시대가 저물면서 정치인은 원형극장의 검투사 신세가 되었다는 것이다.

> 정치인이 대중을 지배하던 시대는 가고, 대중이 정치인을 지배하고 정치인들의 싸움을 즐기는 시대가 됐다. (…) 정치인은 더 이상 통치하는 자가 아니다. 죽지 않기 위해 칼을 휘두르는 원형극장의 검투사이거나, 피를 흘리며 바닥을 기는 격투기 선수 신세가 되었다. (『대한민국 소통법』, 50쪽)

대중정치는 팬덤 정치로 진화(?)했다. 대중들이 특정 정치인에게 열광적인 지지를 보내주며 그 정치인을 통해 정치적 영향력을 행사하는 팬덤 정치에 대해 강준만은 극히 부정적이다. 책임윤리에 기반하지 않은 팬덤 정치가 대의 정치와 정당 정치를 멍들게 한다는 것이다. 문재인 정권 시절의 문빠, 이재명을 지지하는 개딸의 폐해를 거듭거듭 지적한다. 민주당이 "주변화' 정도를 넘어 친문 팬덤의 지배를 받는 하부기구처럼 보인다"며 책임 없는 대중에게 중요한 의사 결정을 맡겨서는 안 된다고 주장한다.

강준만이 이재명에게 보이는 차가운 시선은 팬덤 정치에 대한 반감의 표시이기도 하다. 민주당 총선 공천 과정을 거치면서 '팬덤 CEO' 이재명을 바라보는 강준만의 시선은 더욱 차가워진다. 이재명의 등장은 역사적 퇴행이라는 말도 주저하지 않았다.

▌전문가는 죽지 않는다지만…

「누가 '참여'를 아름답다 했는가?」, 지난해 3월『한겨레』에 실린 강준만 칼럼 제목이다. 2004년『인물과 사상』에서 보수와 진보의 불균형, 청년층과 노장층의 불평등 참여 문제를 제기한 이래로 참여의 왜곡 문제를 지속적으로 제기하고 있다.

정치 혐오가 팽배한 우리나라에서 '정치화된' 소수 젊은 층이 초기 효과를 발휘할 때 나타나는 문제를 어떻게 볼 것인가? 하는 게 쟁점이다. 이른바 참여 격차(participation gap)의 문제가 한국에선 매우 심각하게 나타나고 있는데, 이를 모른 척하면서 참여의 중요성과 미덕만 강조하는 일반론은 위선이거나 기만이 아니겠느냐는 것이다. (『증오 상업주의』, 96쪽, 2013년)

강준만은 '정치화된' 소수가 소극적인 다수를 제압하는 위험성을 지속적으로 제기했다. 인터넷의 등장으로 그 위험성은 더 커졌다. 참여정부가 그런 위험성을 실제로 보여준 첫번째 사례였고 문재인의 문빠, 이재명의 개딸이 지배하는 민주당의 모습은 그런 위험성이 더 극적으로 드러난 모습일 것이다.

민주당 안에서 벌어지고 있는 팬덤 정치의 득세는 왜곡된 형태의 대중 참여이고, 그 근저에는 반지성주의가 흐르고 있다고 본다. 아무리 반지성주의가 세를 얻는다 해도 전문가의 영역과 역할은 사라질 수 없다는 게 강준만의 확고한 소신이다. 그것은 정당 민주주의 관련해서도 마찬가지다.

전문가는 결코 죽지 않는다. 이는 잘난 척하는 엘리트주의와 아무런 관련이 없다. 자신이 맡은 일에 남들보다 훨씬 더 많은 시간과 노력을 쏟은 것에 대한 인정과 보상은 그 어떤 평등주의 정서도 깰 수 없으며, 평등주의 못지않게 중요한 우리 사회의 기본 질서이자 약속이기 때문이다. (『부족국가 대한민국』, 322쪽, 2021년)

강준만은 민주당을 지속적으로 관찰하고 분석해온 '민주당 전문가'이다. 그런 강준만에게도 지금의 민주당 모습은 이해불가일 것이다. 민주당은 친노라고 불리는 일군의 정치 세력이 주도 세력이었고 그들의 핵심 구성원들은 586 세대라고 통칭되는 사람들이었다. 이 세력은 문재인 정권 시절까지 민주당의 주류였다. 몇십 년 전의 '민주화 운동 경험'을 바탕으로 세상을 보는 이 세력의 '시대착오적 행태'를 강준만은 날카롭게 비판해왔다.

문재인 정부 퇴진 이후 문빠 세력이 퇴조하고 이재명을 지지하는 개딸 세력이 당의 주도 세력이 되었다. 22대 국회 공천 과정은 이런 과정을 더할 수 없을 만큼 드라마틱하고 공개적으로 보여주었다. 이재명 감독, 이재명 주연의 이 드라마에 강준만도 놀란 모양이다.

이재명은 늘 민주당의 변방에 머물던 아웃사이더였지만 팬덤의 힘으로 채 10년도 안 된 짧은 기간에 민주당을 장악한 기적의 사나이다.

자신의 서러움과 원한을 풀고 남을 정도로 복수는 화끈했다. 지지자들은 이런 인간 승리 서사에 더욱 열광한다. (…) 과거에도 열성 지지자들은 있었지만, 지도자가 직접 개입해 그들을 조직하면서 직접적인 소통을 한 적은 없었다. 여기에 더하여 디지털혁명 시대의 '정치군수업자들'을 적극적인 관리의 대상으로 삼아 자신의 언론으로 이용한 사람도 없었다. 이재명만큼 대중의 피를 끓게 만드는 증오, 혐오를 선동한 지도자도 없었다. 이재명은 그런 새로운 유형의 정치를 선보여 성공시킨 천재일 수 있지만, 그가 이룬 모든 걸 역사적 진보라고 할 수 있을까? 역사적 퇴행은 아닌가? (영남일보, 2024. 3. 26.)

'민주당 전문가' 강준만은 이 대목에서 던질 법한 질문을 던지지 않는다. 문빠와 개딸은 다른 세력인가, 같은 세력인가? 다르다면 어떻게 다른가? 문빠의 참여와 개딸의 참여는 어떻게 다른가? 어떻게 다르길래 개딸은 문빠를 한순간에 제압했나? 조국혁신당의 극적인 등장은 또 어떻게 보아야 하는가 등등.

윤석열이 대통령이 된 8할의 책임이 문재인 정권에게 있듯이, 현재의 이재명을 만든 8할의 책임은 윤석열에게 있다는 주장에 동의하기는 그리 어렵지 않다. 그런데 '이재명의 민주당'이 탄생한 것은 "반민주적 정치 행태에 대한 대중들의 묵인 그리고 열혈 지지자들의 추종" 때문이라는 강준만의 이야기는 보다 정교한 분석이 필요한 부분이다.

강준만이 '가짜 진보'라고 맹타한 586 세력과 친문 진영을 일거에

제압한 이재명은 그 논리로 따지자면 '진보의 혁신' '진보의 회복'을 이끌어낸 사람으로 해석할 수도 있지 않을까. 개딸로 불리는 친명 민주당 권리당원들이 진보라 불리는 민주당을 뿌리부터 바꾸고 있는 것은 아닐까. 대중의 참여가 정치 문법을 근본부터 흔들어놓고 있는 상황을 혹시 '묵인'과 '추종'이라는 다소 안이한 언어로 분석하는 것은 아닐까.

8장

반주류
지식인

▌지식인의 일관성은 미덕이 아니다

2002년 『인물과 사상』 제22권에 이어령에 대해 썼다. 원고지 430매에 이르는 긴 글이다. 이어령이 이화여대에서 정년 퇴임할 무렵이다. 이어령을 '깔끔하고 남에게 폐 끼치는 것 싫어하고 화려하지만 고독한 지식인'으로 묘사한다. 대중들에게 이름은 높았지만 학계의 동료들에게는 질시와 외면의 대상이던 이어령의 '고독'이 남의 일 같지 않았던 듯하다.

"나는 이어령이 1960년대 중반 이후 지금에 이르기까지 얼마나 고독한 길을 걸어왔는가를 누누이 강조한 바 있거니와, 그러한 나의 지적이 타당하다는 것을 입증하는 근거를 들어야겠다. 그것은 이 글을 쓰기 위해 자료를 찾는 과정에서 1960년대 중반 이후부터 이어령을 대상으로 하여 문학평론 및 학문 연구의 측면을 조명한 글이라고는 단 한 편도 발견하지 못했다는 사실이다."(『인물과 사상』 제22권, 40쪽에서 이동하의 글 재인용)

이어령은 20대 초반의 나이에 김동리·서정주 등 당시 문단의 거인들에게 '우상'과 '미몽'이라는 독설을 퍼부으면서 큰 파문을 일으켰다. 이어령은 여러 신예 비평가 가운데 한 명이 아니라 "혜성과 같이 나타난 문단의 무서운 테러리스트"였다.

이어령이 반항아, 테러리스트의 삶으로 일관한 것은 아니었다. 1970년대와 1980년대 문단의 주류가 민족문학, 민중문학론으로 무장한 저항문학으로 향하고 있을 때 이어령은 그 흐름에 함께하지 않았다. 저항이 대세이고 정의일 때 다른 길을 택했다. '전기' 이어령이 우상에 도전하는 반항의 상징이었다면 '후기' 이어령은 많은 사람들의 숭배와 예찬을 받는 우상 그 자체가 된 느낌이었다.

강준만은 이어령의 일관성 문제를 지적했다. "젊은 시절에 보여주었던 무서운 '독설'을 수반한 우상 파괴 시도가 왜 사라지게 되었으며, 더 나아가 자신이 정반대의 노선을 걷게 되었는지에 대해선 성실한 해명을 해야 한다"는 것이다.

강준만은 여러 면에서 이어령과 동질감을 느꼈던 모양이다. 젊은 시절 패기를 앞세워 기성의 권위를 공격하면서 큰 파문을 일으킨 것, 그로 인한 비난과 고립과 고독, 거기에 패거리를 형성하지 않고 외로운 늑대처럼 사는 삶 등이 자신과 닮았다고 느끼지 않았을까 싶다. 이어령에 대한 글을 쓸 무렵 강준만은 40대 중반으로 진보 진영의 대표 논객이었다. 배신이나 변절이라는 말과는 거리가 멀 때였다. 그러나 그 단어가 머지않아 자기에게도 쏟아질 날이 올 것을 직감했는지도 모른다. 그 시점에 지식인의 일관성을 키워드로 삼은 400매가 넘는 긴 글을 쓴 것을 보면 말이다.

나는 지식인의 일관성을 중요하게 생각하지만 그걸 마냥 부르짖는 것은 아니다. 지식인에게도 자신의 노선이나 생각을 바꿀 권리가 있다고 믿는다. 다만 자신이 왜 바뀌게 되었는지 그 점에 대해 성실한 해명은 있어야 된다고 믿는다. 나는 그 정도의 선에서 지식인의 일관성

을 중요하게 생각한다. (「이어령의 '영광'과 '고독'에 대해」, 『인물과 사상』 제22권)

지식인은 자신이 의도하지 않았더라도 자신으로 인해 생겨난 그 어떤 결과 또는 영향력에 대해 책임을 져야 한다고 했다. 거기에는 시간의 제한도 없다고 했으니 무한 책임을 져야 한다는 말이다. 이어령이 젊은 시절 '우상 파괴' 행위를 하다가 나이 들어 포기했으니, '인정 투쟁' 곧 유명해지려고 그랬던 것 아니냐고 오해받을 수밖에 없고 그것을 감수해야 한다고 말했다.

전라도 논쟁, 김대중 논쟁, 『조선일보』 논쟁, 서울대 논쟁, 진보의 정체성 등 강준만이 제기한 모든 문제의 밑바탕에는 '지식인'이 있다. 지식인의 일관성 문제는 강준만의 오랜 화두다. 2004년 이후 '변절과 배신'이라는 비판을 들으면서 이에 대한 관심이 더 커졌다. 강준만에게 '일관되게 생각하고 일관되게 쓰고 일관되게 행동한다'는 말은 가능하지도 않거니와 바른 태도도 아니다. 강준만은 그런 태도는 허위와 위선, 아니면 습관적 중독일 뿐이라고 단언한다. 일관성이라는 가치를 위해 변화를 거부하는 것이 오히려 문제라는 것이다.

리영희를 존경하는 것도 그의 일관성에 대한 태도와 철학 때문이다. 한국 현대사에서 피가 뜨거운 사람들에게 '사상의 은사'로 불렸던 리영희는 중국의 문화혁명에 대한 '새로 드러난 사실'과 동구 사회주의 붕괴라는 '달라진 사실' 앞에서 자신의 이념을 고집하지 않았다.

리영희는 일관성을 지켰는가? 일관성이란 무엇인가? 우리 사회에서 일관성이라는 개념은 곧잘 추상의 일관성을 의미한다. 이 관점에서 보자면 리영희는 일관성을 어겼다. 그러나 일관성을 지키겠다고 당시 리영희를 비판했던 사람들 대부분이 지금 무얼 하고 있는지 살펴보면, 추상의 일관성은 무책임한 오만이거나 습관적 중독일 수 있다는 데에도 수긍할 수 있을 것이다. (『한국현대사의 길잡이 리영희』, 310쪽)

원칙에 앞서 사실을 중시하는 리영희의 태도에 강준만은 깊이 공감했다. '사상적 일관성'이라는 허위의식을 고수하지 않고 스스로 자신에 대한 '신화'를 파괴하겠다고 나선 리영희의 성찰과 고백은 친노 진보 진영과 불화를 겪으며 새로운 출발을 모색하고 있던 강준만에게 죽비 같은 소리였다.

리영희는 자신의 본의와는 무관하게 많은 '의식화된' 젊은이들의 영웅이었으며 우상이었다. 그러나 우상 타파를 위해 평생을 바쳐온 그는 자신이 영웅이나 우상으로 추앙되는 것을 한사코 거부했다. 그는 자신의 신화를 파괴하는 데에 앞장섰던 것이다. (『한국현대사의 길잡이 리영희』, 309쪽)

미국의 대표적인 언론인 월터 리프먼의 삶을 다룬 「언론학에서의 이상주의와 현실주의」(2017년)라는 논문에서도 강준만은 대중주의와 엘리트주의, 지식인의 일관성 문제 등을 심도 있게 검토한다. 리프먼의 경우를 보더라도 지식인에게 일관성은 결코 미덕이 아니며 가능하지도 않다는 것이다.

리프먼은 60여 년간 공공지식인으로 활약한 인물이었는데 60여 년간 한가지 일관된 노선을 걷는다는 게 가능하며 바람직한 것인가? 원래 상황과 맥락의 지배를 받는 현실주의자에게 '일관성'은 결코 미덕도 아니다. 왜, 어떤 이유로 달라졌는가 하는 걸 살펴봐야 한다. (『커뮤니케이션 이론』13권, 112쪽)

리프먼은 루스벨트 대통령의 뉴딜 개혁 지지자였다. 그 정책을 통해 정부의 마비 상태를 극복할 수 있었다고 생각했기 때문이다. 그러나 1933년 이후에는 루스벨트의 비판자로 변신했고 이 때문에 지식인으로 일관성을 결여했다는 비판을 들었다. 리프먼은 적극적으로 항변하고 나섰다. 뉴딜 정책은 정부의 마비를 극복하기 위해 필요한 정책이었지만 시간이 가면서 국가의 개입 정도가 점차 강해졌고 대통령의 초법적 권한 행사가 미국 체제를 파괴할 수 있는 선을 넘어섰기 때문에 지지할 수 없었다는 것이다.

남들이 보면 뉴딜 정책에 대한 지지와 반대를 오간 것으로 보일지 모르나 리프먼 본인은 미국 체제의 유지라는 원칙에 입각해 자신의 내적인 일관성을 지킨 것이다. 리프먼에게 중요한 것은 현실이지 이론이 아니었다. 현실이 달라지면 이론이 달라져야지 이론에 맞춰 현실을 바꿀 수는 없는 것이었다. 강준만이 여러 곳에서 인용하는 알린

스키의 "있는 그대로의 세상과 우리가 원하는 세상 사이엔 큰 차이가 있다"는 말도 이런 맥락에서 이해할 수 있다.

▌지방은 서울의 내부식민지

전북 전주는 '중심'에서 살짝 비켜서 있는 도시다. 서울이 아닌 지방, 지방에서도 영남이 아닌 호남이다. 호남에서도 '5월의 도시' 광주에 다소 밀린다. 오래됨과 낡음이 섞여 있고, 서울 같은 다른 대도시에 비하면 시간이 살짝 천천히 흐르는 듯한 곳이다. 이런 전주를 강준만은 '천국' 같은 곳이라고 표현했다. 직장까지 산책하듯 걸어서 출근할 수 있고 다른 대도시에 비해 집값 싸고 문화와 전통의 아취가 있는 곳, 거기에 음식 맛있기로는 전국 제일이다. 돈이 많지 않은 게 유일한 흠인 남도의 도시에서 35년째 살고 있다. 거리에 나서면 알아보는 사람이 적지 않지만 거기에서도 강준만은 다수 편은 아니다. 같은 도시에 살아도 같은 생각을 하는 것은 아니다. 특히 지방 문제가 그렇다.

한국 사회에서 강준만의 발언권을 인정해야 할 분야 중 하나가 지방 문제다. 강준만이 전북대학교에 자리를 잡지 않았더라면, 처음 생각한 대로 몇 년 있다가 서울에 있는 어느 대학으로 자리를 옮겼다면 지금처럼 지방 문제에 천착하고 꾸준하게 발언하기는 어려웠을 것이다. 지방 문제에서 강준만은 국외자가 아니라 당사자이다. 자신이 피부로 느끼고 수시로 경험하는 일이다. 그러니 그의 문제 제기는 더 현실감 있게 다가온다. 강준만의 문제 제기는 분명히 현실적이지만 그가 제시하는 해법이 지방 사람들, 당장 자신이 살고 있는 전북 사람들의 공감을 얻고 있는지는 의문이다. 맞는 답과 원하는 답이 다르기 때문이다.

윤석열 정부는 2024년 1월 경기도 용인과 평택 일대에 앞으로 800조 원이라는 돈을 들여 반도체 벨트를 짓겠다고 밝혔다. 그 뉴스를 접하고 필자는 그 반도체 벨트가 수도권과 지방을 가르는 분단 장벽이 될 거라는 생각이 먼저 들었다. 강준만도 그런 생각을 하지 않았을까 싶다.

좋은 일자리와 교육 기회는 서울과 수도권에 몰려 있다. 당연히 사람들은 거기로 몰린다. 사람들이 몰리면서 주거 문제가 생기고 이를 해결하기 위해 서울 주변 수도권에 신도시를 세운다. 신도시 교통 문제를 해결하기 위해 도로를 닦고 지하철을 짓는다. 수도권 부동산 가격이 폭등한다. 이런 과정을 거치며 수도권은 사람과 돈을 끊임없이 빨아들이는 블랙홀이 된다. 지방은 피폐해진다.

1966년 당시 250만 명이던 전북 인구는 이제 180만 명이 안 된다. 지금도 하루 평균 60명씩 정든 고향을 떠난다. 그 동안 전국 평균 인구증가율을 적용하면 전북 인구는 450만 명이 되어 있어야 한다. 청년들의 이탈은 더 심하다. 지난 2020년부터 4년 동안 3만3000여 명의 청년이 전북을 떠났다. 청년들을 붙잡기 위해 지방정부가 온갖 노력을 다하지만 해마다 8000명이 넘는 청년들이 고향을 뒤로 한 것이다. 전북 14개 시, 군 가운데 전주를 제외한 13곳은 소멸 위험 지역이다. 전북을 예로 들었을 뿐 이런 현상은 전국 어디나 마찬가지다. 평일 지방 도로를 달리다 보면 한참을 가야 마주 오는 차를 겨우 볼 수 있을 만큼 지방 소멸은 현실이다. 지방 도시 가운데 인구가 늘어나는 곳은 찾기 어렵다. 역대 어느 정권치고 국토균형발전을 말하지 않은 정권이 없지만 서울과 지방의 격차는 더 커지기만 한다.

강준만이 '내부식민지'론을 처음 들고 나온 게 2008년이다. 지방은 서울의 내부식민지, 지방 대학교수인 자신은 '식민지 지식인'이라고 규정했다. 그 때만 해도 식민지라는 말이 주는 과격함과 지방 사람들이 느낄 열패감 때문에 "지방 사람들의 자존감을 살리는 노력을 병행하는 걸 전제로 해서 과도기적으로 인정하자"고 제안했다. 이제는 그런 유보적인 전제도 필요 없게 됐다. 지방 사람들은 '내부식민지'라는 말보다 다락같이 치솟은 서울 아파트 가격에서 열패감을 더 느낀다.

21대 총선 5개월을 앞둔 2019년 10월, 문재인 정부는 '수도권 광역교통비전 2030'을 발표했다. 광역급행철도 GTX를 지어 서울 도심과 수도권 주요 지역을 30분대에 연결하겠다는 계획이다. 총선용이라는 비판, 재원은 어떻게 마련할 거냐는 비판이 나왔다. 강준만은 이 계획이 수도권 집중을 더 심화시킬 것이라는 측면에서 문재인 정부를 비판했다. 당신들은 진보 정권이 아니라 수도권 정권, '더불어민주당'이 아니라 '더불어수도권당'이라고 쏘아붙였다.

대통령 윤석열은 지난 1월 GTX 3개 노선을 추가 건설하고 기존 GTX 3개 노선은 지방으로 연장, 확대하겠다고 발표했다. 총선을 석 달 앞둔 시점이었다. 문재인 정부가 한 푸대였다면 윤석열 정부는 세

푸대쯤 되는 수도권 강화, 확대 정책을 쏟아놓은 셈이다. 강준만은 수도권 집중과 관련해서 이제는 솔직하게 현실을 이야기하자고 제안한다. 이제는 항의할 힘도 없다는 듯한 목소리다.

앞으론 대선 후보들도 왜 서울멸종과 국가소멸 위기를 막기 어려운지 그걸 솔직하게 말해주면 좋겠다. 반세기 넘는 오랜 세월에 걸쳐 형성된 서울공화국의 구조를 5년짜리 정권이 바꿀 수 있나? 교육정책, 산업정책, 교통정책, 고용정책, 문화정책, 지역균형발전정책은 다 분리돼 있어 따로 놀고 있는데, 그걸 무슨 수로 통합시켜 지역균형발전을 이룰 수 있나? 서울 인구 집중의 최대 요인 중 하나인 '명문대의 서울 집중'을 바꿀 수 있나? 자식을 서울로 보낸 지방민들이 잠재적인 서울시민의 정서를 갖는 것을 막을 수 있나? 이런 솔직한 문제제기를 듣고 싶다. 결코 냉소나 비아냥이 아니다. 그렇게 해야 진정성 있는 논의와 대안도 가능할 게 아닌가? (무등일보, 2024. 1. 30.)

'서울공화국'의 급소는 대학이다. 지방에 사는 부모들은 자녀가 서울에 있는 대학에 들어가 '개천에서 난 용'이 되기를 꿈꾼다. '개천에서 난 용'이 되어서 '금의환향'하는 것이 한국인의 성공이기 때문이다. 자녀가 서울에 있는 대학을 다니는 부모들은 명예 서울시민이 된다. 내 자식 서울로 대학 보내 출세시키겠다는 지방 사람들의 원초적 욕구 앞에서 "지역의 우수한 인재를 서울로 보내는 걸 지역발전 전략으로 삼는 '내부식민지' 근성만큼은 꼭 청산해야 한다"는 강준만의 목소리는 힘을 잃는다.

소를 길들이기 위해 소의 코청을 꿰뚫어 끼는 나무 고리를 코뚜레라고 한다. 인서울 대학은 그런 코뚜레 역할을 기가 막히게 잘 해내고 있다. 지방 스스로 지방을 죽이게끔 만드는 괴력을 발휘하고 있다. 이 코뚜레는 국민의 평등권을 유린하는 지리적 약탈 체제의 수호신이다. (『부족국가 대한민국』, 322쪽)

"매년 수백 명의 지방대 교수들이 서울 소재 대학으로 옮겨가는 바람에 지방대는 서울 소재 대학의 교수 양성소로 전락하고" "서울 소재 대학에 몇 명을 입학시키는가"로 고교 서열이 정해지는 현실 앞에서 '식민지 지식인' 강준만의 울분은 끝이 없이 계속된다. 환경운동조차도 서울 중심으로 이루어지는 현실 앞에서 강준만의 이런 말은 화풀이에 가깝다.

감히 환경운동의 대의에 딴죽을 걸려는 게 아니다. 나는 골프조차 반대하고, 골프 치는 동료 교수들을 내심 경멸하는 '순정' 환경 보호론자다. 내가 문제 삼는 건 제국주의적 환경 보호론자다. 죽어도 서울을 떠날 뜻이 없는 서울시민이 1년에 한두 번 지방의 시골을 찾아 자연을 만끽하면서 '개발이 한국을 망친다'고 외쳐 대는 이른바 '환경제국주의'를 대하는 느낌이 들어서 하는 말이다. (『지방은 식민지다』, 80쪽)

지방 소멸은 서울의 일방적인 약탈의 결과는 아니다. 지방의 내부 식민지화는 이미 지방 사람들에 의해 받아들여지고 내재화되는 단계에 들어섰다. 지방 사람들도 그 음모의 동조자들이다. 그 음모에 '서울에 진입하는 데 성공'한 지방 출신 엘리트들이 적극적으로 공모하고 가담한다. '명예 서울시민'들은 말할 것도 없고 서울에 한 줄 인연도 없는 지방 사람들조차 묻지도 따지지도 않고 죽어라고 같은 당만 찍어준다. 서울에서 출세한 사람들은 선거 때만 되면 국회의원, 도지사, 시장, 군수 하겠다고 고향으로 향한다. 그런 사람들을 응징할 생각은 추호도 하지 않는다. 서울 연줄을 통해 돈 끌어오겠다고하면 그 말에 환호할 뿐이다. 강준만은 '지방 식민지'들이 힘을 합해서울 지배자들에게 저항했더라면 이렇게는 되지 않았을 것이라고통분한다. 저항하지 않으니 떡 하나 주면 될 대상으로 지방을 얕보는것이다. 어떤 면에서 자업자득, 누구를 탓하랴 싶은 것이다.

역대 수도권 정권들은 예산과 인사를 비롯한 정책 행위를 빙자해 지방민들의 '포로화'를 획책해왔다. 지방민들이 하나로 뭉칠 수 없게끔지역 간 이간질을 한 '분할지배'의 역사는 지방민의 역량과 창의성을말살하는 결과를 초래했다. 서울의 권력 핵심부에 강한 줄을 갖고 있느냐가 지방 정치와 행정의 성패를 결정한다는 믿음이 널리 퍼져 있다. 그런 상황에서 혁신은 "우는 아이 젖 준다"는 원칙에 따라 서울을향해 크게 울어대는 것으로 전락했다. 지방을 방문할 때마다 해당 지역에 과자 부스러기를 주겠다고 약속하는 게 역대 대통령들의 주요

통치행위가 되고 말았다. (『부족국가 대한민국』, 265쪽)

강준만은 지금으로부터 16년 전인 2008년 서울 1극 체제가 지방만이 아니라 서울을 포함한 한국 사회 전체를 피폐하게 만들 거라고 예언했다. 그 예언은 지난 2023년 한국의 합계출산율 0.78명, 그 중에서도 서울은 0.59명이라는 충격적인 수치로 입증되었다. '지방 소멸, 서울 멸종'이라는 현실이 눈앞에 와 있다. 서울대 교수 조영태의 글을 빌어 "서울을 생물학종에 비유한다면 이미 멸종의 길에 들어섰고, 한국의 출산율이 유독 떨어지는 근본적인 원인은 서울과 수도권으로의 엄청난 집중 때문"이라고 진단했다. 분석이 맞았으니 대안도 설득력이 있다고 봐야 한다. 이 역시 16년 전 이야기지만 귀 기울여 들어보자.

지금이라도 지방의 문제를 지방이 먼저 지적하고 해결하자는 점을 다시 한 번 강조하고 싶다. (…) 중앙 집권 체제가 가져온 '레드 오션' 체제가 모든 한국인의 삶을 피폐하게 만들고 있는 현실과 지방이 블루오션이라는 점을 이해하게끔 해야 한다. (…) 서울이 나라 전체를 생각하는 발상을 포기한 만큼 그 걱정도 지방이 해야 한다. 수도권의 고민도 헤아려 가면서 좀더 정교한 대안을 제시하고 추진해 나가는 실력을 키워야 한다는 뜻이다. 지방이 한국을 책임져야 한다. (『지방은 식민지다』, 84쪽)

강준만의 지방 문제에 대한 인식은 호남 차별에서 시작되었다. 호남에 대한 구조적인 차별에 대한 분노에서 『김대중 죽이기』라는 책이 나왔다. 그 책이 나온 이후 김대중-노무현-문재인으로 이어지는 세 번의 진보 세력 집권이 있었다. 강준만은 세 차례의 진보 집권을 통해서 호남 차별 문제는 어느 정도 해결이 됐다고 본다. 이제 문제의 핵심은 호남 차별이나 영남 패권주의가 아니라 중앙이 지방을 지배하고 통제하는 '내부식민지 체제'에 있다는 것이다. 강준만은 서울에 의한 지방 약탈 체제를 깨기 위해서 호남보다는 지방을 중심에 놓고 생각하자고 제안한다.

호남이 아닌 지방을 중심에 놓고 생각하자는 강준만의 주장이 호남 사회에서 큰 호응을 얻는 것은 아니다. 여전히 차별의 경험을 호소하고 지역 불균형을 말하는 호남 사람들이 적지 않다. 전라도 사람들이 생각하는 전라도의 이익과 강준만 본인이 생각하는 전라도의 이익이 다르다는 것을 느낀 지는 오래됐다. 그래서 '천국' 전주에서도 강준만은 가끔 외로움을 느낀다. "나라가 변하지 않으면 우리가 지방을 바꾸자"는 전 일본 총리 호소가와 마사히로의 말을 지방 문제를 다룬 책에서 인용한 적이 있다. 시각을 근본적으로 바꾸지 않으면 지방 문제는 해결할 수 없다는 것이다.

"나는 지난날 참의원 국회의원으로서 국정에 참여하고 있었는데 (…) 나의 꿈이 부풀면 부풀수록 중앙 정계의 정체에 염증을 느낀 나머지, 그렇다면 차라리 지방에서 소신껏 에너지를 발산해보고 싶었고 '장대한 내 소신'을 실천해보고 싶었던 것이다. '나라가 변화하지 않으면 지방을 바꾸겠다'고 결의하고 고향인 구마모토의 현지사가 된 것은 1983년의 일이었다. 그 후 거기에 살고 있다는 것을 자랑으로 여길 수 있는 구마모토를 목표로, 또한 전국의 모델이 될 수 있는 웅장한 현을 목표로 삼아 노력해왔다."(『지방은 식민지다』, 50쪽에서 호소가와 마사히로의 글 재인용)

▌강준만이 지식인 사회의 '왕따'라고?

강준만보다 한 살 적은 서강대 명예교수 원용진은 강준만을 형이라고 부른다. 두 사람은 1985년 미국 유학 시절에 만나 평생 친분을 유지해왔다. 원용진이 말하는 강준만의 모습은 이렇다.

"학자들이 고뇌하는 그런 표정이나 이런 거 되게 싫어하고 그냥 호방해요. 또 농담도 아주 잘하고. 노는 것도 좋아하고 당구 치는 거 이런 거 좋아하시고."

- 다른 사람들에 대한 칭찬에 능한 사람이라는 말도 있더군요.

"좋은 칭찬 많이 하죠. 사람에 대한 애정이 많은 거는 틀림없습니다."

친절하고 농담도 잘하고 남에 대한 배려가 몸에 밴 사람이라는 평과는 달리 강준만의 글은 늘 날이 서 있다. 초기 글은 말할 것도 없고 소통과 화해, 중도를 말할 때도 글의 날카로움은 여전하다.

- 그런데 글은 전혀 다르지 않습니까, 날카롭고 거칠기도 하지 않습니까?

"강교수님 글의 대상이 되는 사람들은 대부분 힘을 가진 자들 아닌 가요? 대체로 그분의 실명 비판의 대상이 되는 사람들은 학자들조차 도 특정 권력을 지니고 있는 사람들이잖아요. 그렇지 않은 사람을 자 기 연구 대상이나 비평 대상으로 삼지는 않는 것 같은데요."

원용진은 외국 이론 소개 등에 치중했던 자신을 비롯한 다른 언론 학자들의 한계를 훌쩍 뛰어넘어 현실 저널리즘의 문을 연 지식인이 라고 강준만을 평가했다.

"저는 현실에 대한 비판이나 실명 비판보다는 이론 공부에 조금 더 관심이 있다 보니 현실과 동떨어진 부분이 많죠. (…) 강선생님은 현 실 정치에 관한 감각이 탁월하고 현실 저널리즘의 문을 열어주신 분 이죠. 그 이후에도 강선생님 외에 그 누구도 그런 작업을 하지 못했 다고 생각합니다. (…) 그 분이 학술 논문을 덜 쓴 것은 아니지만 학술 논문보다는 훨씬 더 현실 정치에 관한 글을 많이 썼다는 것이 단점이 될 수는 없잖아요."

학계에서 왕따, 외톨이라는 지적도 있지 않느냐는 말에 대해서는 학회 활동을 전혀 하지 않기 때문에 실제로 강준만을 잘 아는 교수 들이 별로 없을 테지만, 현실 정치와 현실 저널리즘 비판에 대한 새 로운 차원을 열어젖힌 강준만을 왕따 시킬 사람이나 집단은 없다고 했다.

-『창작과 비평』에 대해 강준만 교수께서 몇 번 언급을 했고 백낙청 교수에게 실명 비판을 한 적도 있습니다. 우리 문화계 주류라고 할 수 있는『창작과 비평』은 강준만을 상대하지 않고 외면하려는 듯한

느낌이 있습니다만⋯.•

"제가 생각하기에는『창작과 비평』사람들이 더 왕따를 당한 거 아닌가요? 창비 사람들은 이론주의자들이잖아요. 현실에 대한 이야기를 하는 듯했지만 수시로 스탠스를 많이 바꿔 왔고. 예를 들면 백낙청 교수님만 하더라도 시민문학론에서 민족문학론, 통일문학론 이렇게 계속 바뀌어 왔는데, 바뀌면서 여전히 놓지 않은 것은 강교수님이 지적한 바와 같이 문단에서의 힘이죠. 강 교수님의 그런 지적에 대해서 그분들은 문학지상주의자들이니까 말을 섞지 않으려고 한 것 아닐까 생각이 드는데요. 강교수님은 문학이라는 신분 자체가 권력이 될 수 없다고 보는 거죠. 문학이든 대중문화든 다 같은 건데 문학이 최고의 영역이라고 말하는 것에 대한 도전이니까 거기에 대해서 딱히 그분들도 대답을 할 만한 것이 없었을 거라는 생각도 드는데요."

- 그러면 원 교수님은 강준만이라고 하는 사람이 우리 지식인 사회에서의 아웃사이더랄지 비주류라는 평가에 대해서는 동의하지 않으시겠군요.

"동의하지 않습니다. 아웃사이더였던 적은 별로 없는 것 같고요. 오히려 아웃이라는 말을 쓰면 아웃라이어outlier 뭐 이래가지고 주류에서 비껴 서 있는 사람 이런 정도로 이야기하는 게 오히려 더 맞지

• 강준만이『창작과 비평』과 백낙청 등에 대해 비판적인 태도를 보였고『창작과 비평』역시 강준만에게 그리 호의적이지 않은 것은 맞지만 적대적인 태도로 일관한 것은 아니었다. 강준만은 2020년『창작과 비평』겨울호에「지방이 지방을 죽인다」를 기고하기도 했다.

않겠나 싶습니다."

강준만·원용진과 미국에서 유학을 같이 하고 귀국 이후에도 교분을 나눠온 광운대 명예교수 이창근은 강준만이 원래도 부드럽고 선한 사람인데 여러 일을 겪고 나이도 들면서 세상을 보는 눈이 더 넓어졌다고 평가했다.

"요즘 강준만 선생이 화해나 성찰 이런 이야기 많이 하는데 나는 자연스러운 변화라고 봐요. 그래서 나도 요새 강교수를 좀더 높이 평가합니다. 그런 사람 우리 한국 사회에 그렇게 많지 않습니다. 나이가 들면 진보였던 사람은 보수에 대해 생각하고 보수였던 사람은 진보적인 아이디어에 대해 다시 생각하는 그런 크로스가 일어나는데 나는 그런 게 자연스럽다고 봐요."

－저는 약간 기인奇人 아닌가 생각했습니다만….

"아니에요. 아니야. 그건 절대 아니고 만나보면 아주 소탈하고 평범하고 인간적인 매력이 있어요. 괴팍하고 그러지 않아요. 좀 튀고 그런 사람이면 그렇게 오래 나하고 관계가 유지가 될 수 있겠어요?"

오랜 우정을 나눠온 사람이 하는 말이니 감안해서 들어야 하겠지만, 그래도 마음 터놓고 지낸 지 40년이 다되는 사람의 이야기이니 좀더 들어보자.

"그 양반 관심이 사회 비평이다 보니 순수 학문 쪽에 들인 시간이 적었던 것은 맞지만 한쪽으로만 돌았다고 말하는 것은 전혀 터무니없는 이야기라고 생각해요. 그 양반이 쓴 논문을 참고하기 위해 읽은 적이 있는데 참 대단하다 감탄하면서 읽은 기억이 있어요. 교수 평가

받기 위해 논문 실적이 필요한데 몇 년 전에 그것을 위해 1년에 논문을 6편인가 7편인가 썼다고 그러더라고요. 남들은 1년에 한두 편 쓰거든요."

정형화된 틀에 맞춘 글을 쓰는 것을 혐오한다고 말할 만큼 학술논문 형식의 글과는 거리를 둬온 사람이지만 논문 검색 사이트에서 강준만 이름으로 검색을 하면 500편이 넘는 글이 나온다. 대중적인 글만 써온 것 아니냐고 말하는 것은 번지수를 잘못 짚은 비판이다.

나는 현실 참여에 관심이 많다. 그런데 논문은 별 도움이 되지 않는다. 현실에 대해 하고 싶은 말을 이른바 '잡글'로 불리는 대중적인 책이나 칼럼으로 이야기하면 한 줄이면 족한데 논문으로 쓰면 한 장이 필요하다. 게다가 논문은 대중에게 미치는 영향력이 거의 없다. (…) 내게 있어 진정한 논문은 『김대중 죽이기』와 같은 대중적인 책이다. (『고독한 대중』, 277쪽)

학술논문 형태의 글에 대한 문제의식은 초기부터 분명했다. 현실 세계와의 구체적인 충돌을 피하기 위해 추상적이고 일반적인 '학술성'이라고 하는 울타리 안에 숨는 것 아니냐는 것이다.

질적 연구의 왕성한 도입과 더불어 그 연구 결과를 토대로 한 걸음 더 들어가 대안을 모색하는 상상력을 자유롭게 펼칠 수 있어야 하는데, 이걸 가로막는 게 '과학'의 이름을 앞세운 기존 논문 형식의 독재다. 우리는 논문에서 상상력을 발휘하는 기미가 조금만 보여도 그렇게 말할 수 있는 근거를 캐묻기에 바쁜 경향이 있다. (「'경로의존'의 덫에 갇힌 지역언론학」, 『한국언론학보』63권, 23쪽)

▌동지로 만나 적으로 헤어진 유시민

유시민과는 여러모로 겹치고 대비된다. 둘 다 진보 진영의 대표적인 논객이었고, 비록 짧긴 했지만 '노무현 대통령 만들기'에 힘을 합친 동지로 만난 적도 있다. 생명력이 긴 저술가라는 점, '참여하는 지식인'으로 치열하게 살아왔다는 점도 닮았다. '어용 지식인' 소리를 듣는 것도 닮았다. 문재인 정부 시절 유시민은 어용 지식인을 자처했고, 강준만은 윤석열 정부 들어 일부로부터 어용 지식인이라는 비판을 듣는다. 고향이 경주와 목포로 다르고 학연이 겹치지도 않지만 두 사람은 초기 꽤 우호적인 관계였다. 1997년 11월 『인물과 사상』 지면을 통해 주고받은 두 사람의 논쟁은 강준만이 벌인 논쟁 가운데 상대방에 대한 존중과 지성이 바탕이 된, 드물게 모양 좋은 논쟁이었다

「성역파괴자 강준만의 미덕과 해악」이라는 글에서 유시민은 강준만에 대해 "개인적으로 전혀 아는 바가 없지만" 강준만의 문제의식에 크게 공감하기 때문에 그의 글을 좋아한다고 했다.

"80년대의 짧지 않은 시간을 미국에서 공부한 사람이 수많은 80년대의 전사들이 뿔뿔이 싸움터를 떠나거나 백기를 들어버린 이 90년

대에, 그들이 지난날 껴안고 고난의 행진을 벌였던 '정의와 용기'의 깃발을 들고 거대한 위선과 불의에 맞서 싸우는 것을 보면, 탄성이 절로 날 때가 많다."(유시민, 『인물과 사상』 제4권, 111쪽)

유시민은 강준만의 글쓰기 방식의 미덕과 해악, 강준만이 말하는 공정성의 잣대 등을 꼼꼼하게 거론하면서 강준만에게 하느님 놀이를 중단하라고 충고한다. "부디 나의 머릿속을 들여다보고, 사상의 건전성 여부를 판독하려는 듯한 자세로 쓴 듯한 대목을 단 한 군데도 찾을 수 없었으면 좋겠다"는 말을 결론에 적었다.

같은 책에서 반론을 펼친 강준만은 "유시민 씨께 깊이 감사드린다. 왜? 나는 나에 대한 비판에 굶주려 있기 때문이다"란 말로 글을 시작한다. 그 말은 의례적인 말이 아니다. 그 무렵 강준만에 대한 비판은 "'김대중 지지'에 대한 극렬한 반감을 바탕에 깔고 있거나 그런 반감의 표출"이거나 "나의 모든 발언을 악의적으로만 해석하고 나의 동기를 불순하게만 추리하는 비판"이기 때문이다. 그에 비해 유시민의 비판은 "내가 동의할 수는 없을망정 그 어떤 맹목적인 반감을 앞세우지 않고 매우 논리 정연하게 나의 문제점을 지적한 것이기 때문에 우리가 흔히 말하는 '생산적인 비판'의 범주에 드는 것"이었기 때문이다.

안티조선운동 과정에서 두 사람의 인연은 다시 한번 이어진다. 『조선일보』라는 공동의 적을 앞에 두고 이 당대의 두 논객은 힘을 합쳤다. 『조선일보』와 관련해 유시민은 1999년 4월 『조선일보를 아십니까』(공저), 2001년 6월 『노무현은 왜 조선일보와 싸우는가』라는 책을 냈다. 두 권의 책 곳곳에서 강준만의 이름이 호명된다.

"'조선일보 문제'는 이 구조를 해체하지 않고서는 제대로 고칠 수 없는 '난치병'이다. 이런 의미에서 지금 필요한 것은 '언론정책'이 아니라 신문시장에서 '소비자 주권'을 확고히 세우고 공정한 경쟁질서를 세우는 '경제정책'이라고 할 수 있다. 강준만 교수가 주창하는 '조선일보 제몫 찾아주기 운동'이 성과를 거두려면 신문시장의 경쟁질서를 바로잡아야 한다. 그렇게 하면『조선일보』뿐만 아니라 모든 신문이 각자 자기 몫을 찾게 된다."(유시민,『조선일보를 아십니까』, 209쪽)

"강준만 교수는『노무현과 국민사기극』에서 '언론의 프레임(frame)'을 문제로 삼았다.『조선일보』처럼 의도적인 '노무현 죽이기'를 하지 않는 신문들조차도 노무현을 보도할 때 특정한 '프레임'을 쓴다는 것이다. 그가 차용한 미국 사회학자 토드 기틀린의 정의에 따르면 '프레임'은 '상징조작자가 상례적으로 언어적 영상적 담화를 조작하는 근거로 삼는 인식, 해석, 제시, 선별, 강조, 배제 등의 지속적인 유형'이다. 쉽게 말하면 언론이 특정한 틀에 맞추어 노무현을 관찰하고 보도한다는 것이다. 어지간한 전문가가 아니면 '사실' 차원이 아니라 '프레임' 차원에서 이루어지는 왜곡보도를 눈치채지 못한다."(유시민,『노무현은 왜 조선일보와 싸우는가』, 244쪽)

두 사람의 실제 만남은 정치인 노무현을 매개로 해서 이루어졌다. 유시민이 주도한 친노 친위정당인 개혁국민정당(약칭 개혁당)에 강준만이 입당했다. 개혁당 활동과 관련해 두 사람이 어떤 관계를 맺었는지 기록을 찾기 어려웠지만 한 사람은 노무현의 정치적 경호실장으로, 한 사람은 노무현의 이데올로그로 불리던 시절이 있었다.

'대통령 노무현 만들기'까지만 동지였다. 노무현 정권 창출의 일등 공신이었지만 두 사람은 그 이후 갈라선다. 민주당 분당과 열린우리당 창당 과정에서 치열하게 말로 싸우고 글로 다퉜다. 진보개혁 진영이 가야 할 방향을 두고 의견이 엇갈렸고, 한번 갈린 두 사람은 다시는 같은 길에서 만나지 못했다.

강준만의 표현을 빌리면 유시민은 "인터넷 시대의 가장 축복받은 정치인이자, 수많은 누리꾼들을 열성적인 지지자로 둔 '상품성' 있는 정치인"이다.(『한국현대사 산책』4권, 28쪽) 그에 비하면 강준만은 '인터넷에게 자신의 역할을 완전히 박탈당한 비운의 논객'이고 수많은 누리꾼들을 열성적인 비판자로 두었으니 인터넷 시대에 들어서면서 두 사람의 운명은 갈려도 크게 엇갈렸다.

강준만은 『한국현대사 산책』제3권에서 「유시민은 '코카콜라'인가?-유시민·386 논쟁」이라는 제목으로 20여 쪽에 걸쳐 그의 행적을 상세히 적고 평가한다. 강준만이 현대사 시리즈에서 노무현을 제외하고 이렇게 상세하게 다룬 정치인은 드물다. 소제목을 보면 어떤 내용인지 대충 짐작이 된다. '동지의 가슴에 비수를 꽂는 잔인성?' '유시민은 100m 미인' '옳은 소리를 싸가지 없이 말하는 재주' '유시민은 '배부른 왕따'인가?' '치밀한 정치공작의 달인인가?' 등이다.

유시민에 대해서는 그 이후에도 여러 곳에서 다양한 평가를 했다. 호평보다는 그렇지 않은 평가가 많고 감정이 느껴지는 내용들도 적지 않다. 그 가운데 아래 인용은 개인적인 감정과 분노를 덜어낸 비교적 객관적인 평으로 보인다.

유시민은 노무현처럼 최대의 강점이 최대의 약점이 되는 그런 묘한 특성을 가졌는데 그건 바로 그의 '집중과 집착'이다. 타고난 품성이요, 체질인 거 같다. 그가 정치를 하면서도 박학다식과 탁월한 지적 역량을 유감없이 보여주는 책들을 여러 권 써낼 수 있는 것도 바로 그 파워 덕분일 것이다. 정치에서 그의 '집중과 집착'은 일단 자신이 맡은 일에 대해선 최선을 다하는 정도가 아니라 자신의 모든 걸 던지는 걸로 나타나는데, 이게 특히 열정이 넘치는 젊은 층을 감동시켜 그의 열성적인 신도가 되게 한다. (…) 그러나 '집중과 집착'은 늘 오버하게 돼있다. (…) 유시민의 벼랑 끝 전술은 '정치라는 게임의 법칙을 냉정하게 파악하는 마키아벨리적 재능'이겠지만 그 재능의 바탕엔 유시민의 타고난 성품과 체질도 작용하는 것 같다. 사심 없는 극단주의라고나 할까? 유시민은 열정적 헌신과 자기 희생적인 면모를 보이기 때문에 그의 열정적 지지자들은 그의 극단주의에 대해 별 문제의식을 갖지 않는지도 모르겠다. (『강남 좌파』, 287~288쪽)

2014년 『싸가지 없는 진보』라는 책을 낼 때 유시민을 염두에 두었는지는 알 수 없지만 정치권에서 유시민은 '그렇게 옳은 말을 그렇게 싸가지 없이 하는 정치인'의 대명사였다. 그 책만이 아니라 『강남 좌파』 등 강준만의 몇몇 책은 유시민을 떠올리게 만든다.

저항이나 고발의 언어치고 '싸가지 있는 말'은 드물다. 오히려 싸가지가 없는 게 진정성을 더 잘 입증할 수도 있다. 과거 반독재 투쟁 시절을 상기해보시라. (…) 문제는 '싸가지'의 유무가 아니라 말을 하는 사람의 위상에 있다. 똑같은 사람이라도 약자나 저항자의 시절엔 정당화되거나 칭송받을 수 있는 어법이었지만 강자나 권력자가 되어서도 그 어법을 계속 쓸 때엔 평가가 달라지기 마련이다. (…) 비극은 그들(노무현과 유시민은-인용자)의 위상에 엄청난 큰 변화가 일어난 뒤에도 그들의 어법이 전혀 달라지지 않았다는 데에 있다. 유시민의 경우 국회의원이 된 이후에 권력자인 대통령을 옹호하는 역할이 아니라 오히려 정반대의 역할을 했더라면 '싸가지' 시비에 휘말리지 않을 수 있었다. 그러나 그는 '힘없는 대통령론'을 내세워 자신의 대통령 찬양을 정당화했다. (『아웃사이더 콤플렉스』, 18~19쪽, 2008년)

2017년 이전까지만 해도 강준만은 자신의 목소리를 낮추고 상대방의 반론을 귀 기울여 들으려고 애쓰는 표정이 역력했다. 자신에게 필요한 부분만 붉은 줄 긋지 않았고 상대방에게 느닷없이 선빵을 날리는 일 같은 것도 하지 않으려 했다. 가끔 벌컥 화를 낼 때도 없지는 않았지만 '소통과 성찰'이라는 원칙에 충실하려는 모습이었다. '진보 당신들 싸가지 없다'는 말을 하긴 했지만 이 역시 진보 잘 되라고 하는 말이었다. 물론 듣는 사람들에게 그렇게 받아들여졌는지는 별개의 문제지만 말이다.

그런데 문재인 정권 출범 이후 강준만은 다시 핏대를 올리고 거칠어진 느낌이다. 문재인 정부의 독선과 오만에 실망이 컸던 게 가장 큰 이유였을 테지만, 2013년 정계 은퇴 뒤에 저술 활동과 방송으로 유유자적하던 유시민이 문재인 정부의 어용 지식인을 자처하면서 정치 일선으로 나선 것도 강준만의 목소리가 거칠어진 이유 중의 하나가 아니었을까. 노무현 정부를 망쳤던 유시민이 이번에는 문재인 정부도 망치려 든다고 생각했던 게 아닐까. 강준만에게 유시민은 그릇된 소신을 일관성이라는 이름으로 고집하면서 많은 사람들을 중요한 정치 대목마다 오도한 지식인이었다. 그 중에서도 '어용 지식인론'은 지식인이 저지를 수 있는 최악의 행태였다. 아래 글을 보면 이런 추측은 그리 틀린 거 같지 않다.

> 유시민이 역설했고 실제로 친문 세력에 큰 영향을 미친 '어용 지식인'론이 성공했는지 현실적인 문제를 따져보는 게 더 좋을 거 같다. 문재인 정권을 골병 들게 만든 주범이 '어용 지식인'론 아니었는가. 그런데 유시민은 진보 신문을 포함한 진보 진영이 '어용 지식인' 역할에 충실하지 못했기 때문에 고통스러웠고, 그래서 문재인 정권이 실패했거나 소기의 성과를 거두지 못했다고 보고 있으니, 참으로 놀라운 일이다.
> (『정치전쟁』, 263쪽)

정치적 영향력 면에서 강준만보다는 유시민이 몇 발은 앞서 있다. 정치 비평의 장에서 두 사람이 직접 겨룬 시간은 그리 길지 않았지만 현실적인 영향력이란 잣대를 들이대면 우열은 분명하다. 물론 영향력의 크기가 그 주장의 옳고 그름을 결정하는 것은 아니지만 말이다.

원고가 마무리될 무렵 유시민에게 문자로 강준만에 대해 어떻게 생각하는지 물었다. 강준만이 어떤 사람인지, 강준만의 지금까지 삶에 대한 평가를 할 수 있는 단 한 사람을 꼽자면 유시민이라고 생각했기 때문이다. 문자를 보내고 곧바로 유시민의 짧은 답문자가 왔다. 그 내용은 예상했던 바에서 크게 벗어나지 않았다.

"저는 그 분에 대해서 말하고 싶은 것이 없습니다. 그분이 저에 대해서 뭐라고 하셨을지는 듣지 않아도 알 수 있습니다. 지금까지 수도 없이 말씀하셨으니까요. 뭐라고 하셨든 그분의 일일 뿐이라 생각합니다."

유시민의 짧은 답은 돌이키기에는 너무 멀어진 두 사람의 관계를 보여준다. 비판하고 반론을 펴던 관계, 때로는 매몰차게 공격을 주고받았지만 그래도 '지식인'이라는 점에서는 동류였다. 호의가 됐든 적의가 됐든, 비난이든 예찬이든 뭐든지 간에 글을 통해 서로의 생각과 감정을 이해하는 지식인 동류였다. 유시민에 대해 가장 잘 아는 사람이 강준만이고, 강준만에 대해 가장 잘 아는 사람도 유시민이지 않을까.

유시민이 모순에 찬 혁명가형 지식인이라면, 강준만은 방황을 모르는 개혁가형 지식인이다. 스타일이 다르지만 같은 편이 아니더라도 잘 어울릴 수도 있지 않았을까. 그랬다면 두 사람 모두 좋지 않았을까 싶은데 두 사람은 같은 장場에 있지 않다. 말 그대로 절연, 연이 끊긴 것이다. 그 돌이킬 수 없는 현실이 안타깝다.

▌강준만의 존재감은 왜 약해졌을까

　　전북대학교에서 정년을 맞은 2021년 『THE 인물과 사상』을 시작했다. 2004년 막을 내린 저널룩 『인물과 사상』의 '시즌 2'였다. 의욕적인 출발에도 불구하고 2회에 그쳤다. 2019년 『월간 인물과 사상』이 사실상 문을 내린 데 이어 강준만이 처해 있는 현실을 다시 한 번 보여준 사례였지만, 그래도 크게 기죽거나 위축된 거 같지 않다.

　시是와 비非가 분명하고 그 분명함을 드러내는 데 주력하는 진중권이나 같은 진영을 하나로 묶어내는 재주가 탁월한 유시민 등에 비하면 강준만의 존재감은 예전 같지 않다. '후기' 강준만의 영향력과 존재감이 약해진 가장 큰 이유는 인터넷 시대의 적응에 실패했기 때문이다. 그런 것을 순발력의 차이라고 할 수도 있겠다. 대중과의 불화, 진보 진영의 외면 때문만은 아니다. AI가 음성으로 모범답안을 말해주는 세상에서 '책 쓰는 지식인 강준만'은 시대 부적응자일 뿐이다. 그런 점에서 한 해에 대여섯 권이 아니라 한 달에 몇 권의 책을 펴내도 강준만은 느려 터진 지식인이다.

　강준만의 책을 읽다 보면, 빛나던 시절도 있었지만 쓴물을 삼키던 시절이 더 많았던 아버지의 이야기를 듣는 기분이 든다. 아버지의 근력은 여전하고 세상에 대한 관심도 좀처럼 줄지 않지만 존재감은 예전과 다르다. 여전히 말이 많고 그 말이 반복되기도 한다. 꼰대의 조건 중 하나가 세상에 대한 관심, 무한한 애정이라고 한다면 이 조건 역시 갖추고 있는 셈이다. 이제 인생의 황혼을 향해 가지만 여전히 세상에 마음 주고 산다. 도대체 지칠 줄을 모른다. "강준만 너는 늙지

도 않니?"라는 댓글을 읽고 자신의 늙음을 원한다는 그 사람에게 죄
송한 마음이 들었단다.

어찌 보면 가진 것이 많은 사람이다. 재능을 가졌고 용기를 가졌고
자유를 가졌다. 가진 것이 많으니 세상과 굳이 다툴 필요가 없고 세
상과 날을 세울 필요가 없다. 하기 싫은 일 하지 않고 하고 싶은 일 골
라가며 할 수 있는 자유를 만끽하면서 사는 사람이다.

1956년생, 이제 예순여덟 살이다. 핏대를 세울 때도 있지만 이제
얼굴에 미소가 번질 때가 더 많다. 평온의 기술을 말하고 아재개그
수준이지만 가끔 우스갯소리를 던지기도 한다. 2021년 3월에 펴낸
『부족국가 대한민국』 머리말에다 카를 구스타프의 이런 글을 옮겨
적었다. 그해 2월 전북대학교에서 정년을 맞은 직후였다. 노년에 접
어드는 심경을 적은 것이리라.

우리는 완전한 무방비 상태에서 인생의 오후로 넘어간다.

훨씬 더 나쁜 것은,

늘 그랬듯이 자신의 진실과 이상이 도와줄 것이라는 착각으로 걸음
을 옮긴다.

하지만 우리는 인생의 아침에 세운 계획에 따라 인생의 오후를 살 수
는 없다.

왜냐하면 아침에 위대했던 것이 저녁에는 미미해지고

아침에 진실했던 것이 거짓이 되기 때문이다.

9장

'역사가' 강준만,
언론인 강준만

▌ 역사가, 강준만에게 가장 잘 어울리는 옷

강준만은 역사를 쓰고 역사에 대해 말할 때 편하고 유쾌하고 수다스럽다. 무엇보다 자유롭다. 농담도 던지고 다소 야한 이야기도 주저없이 즐긴다. 속박에서 풀려난 느낌, 강준만의 본래 모습이 이렇구나 싶다. 호기도 부리고 살짝 잘난 척도 한다. 역사책에는 '산책'이라는 제목을 붙였다. 형식에 매이지 않고 여유롭게 거닐 듯이 썼다는 뜻일 텐데 '산책'이라는 제목에 어울리게 역사를 말할 때 강준만의 발길에는 걸리적거리는 게 없다.

대중과의 불화를 이유로 정치비평가의 자리에서 스스로 물러선 2005년부터 역사가로 살기 시작했다. 궁형의 치욕을 견디며『사기』를 쓴 사마 천처럼 무서운 따돌림과 조롱을 견디며 역사와 씨름했다. 진영을 대표하는 논객의 위치에서 쫓겨나듯 물러났으니 남들의 눈에는 초라해 보였을지 모르지만 본인은 역사가로 살고 싶다는 꿈을 이루게 되었다고 '역시 인생은 새옹지마!'라고 쾌재를 불렀을 것이다. 제대로 된 한국언론사를 쓰겠다는 꿈은 저술활동 초기부터 가지고 있었다.

"제가 구상하는 언론사는 구한말에서 지금까지 신문, 방송, 영화 등 대중문화에서 정치, 경제, 사회, 문화를 보기 좋고 재미있게 뒤섞어 나가며 서술하는 것입니다. 저는 재미있게 써야 한다는 주의이니까요.

다만 각주는 달고 해서 학술서 형태를 띠기는 할 겁니다." (김종엽과의 인터뷰, 『1998 REVIEW』가을호)

신문을 읽고 방송을 보면서 '하루살이'를 하던 사람이 10년, 100년 단위로 시야를 확장한 것이다. 시야를 넓게 두니 글이 당연히 길어진다. 매년 한 권씩 20년 동안 20권짜리 대작을 쓰겠다고 별렀다. 쓰다 보니 언론사를 넘어 한국 근현대사가 됐고, 20권을 예상했던 분량이 33권으로 늘었다.

나는 시사적인 글은 『인물과 사상』에만 국한시키면서 그간 내가 정말 하고 싶었던 작업에 몰두하고 싶다. 그건 바로 사회사요 문화사다. 물론 나는 그 작업을 내 전공 분야라 할 언론과 대중문화 중심으로 다루겠지만 정치, 경제, 사회, 문화 그 어느 분야도 따로 독립돼 있는 게 아니라 상호 밀접한 관계를 맺고 있다는 걸 보여드리고 싶다. 그간 내가 몸담고 있던 언론학계에서는 언론사 저서 수십여 권이 출간되었다. 그런데 나는 그 저서들이 오로지 언론만 다루고 있는 걸 아쉽게 생각해왔다. 나는 언론을 다루면서도 정치, 경제, 사회, 문화의 주요한 흐름은 물론 언론이 그것들과 어떤 관계를 맺고 있는지 그걸 보여주는 책을 쓰고 싶었다. (『자기 검열의 시대』, 5쪽, 1998년, 비매품)

노무현 정권이 망가지고 이명박을 앞세운 보수 정권이 들어서고 전국에 촛불 함성이 일렁일 때 역사에 파묻혀 지냈다. 지천명知天命,

하늘이 말하는 것을 알아들을 수 있는 나이에 역사에서 위로를 구했고 거기에서 답을 찾으려고 했다. 연구실에서 웅크리고 앉아 자신이 정말 하고 싶었던 일을 신나게 했다. '여기, 지금'을 말하는 일의 허망함을 50권의 역사책을 짓는 것으로 달랬다. 자료에 묻혀 지내면서 독수리 타법으로 글을 지어 나가는 것으로 세상을 잊었다. 물론 그 때도 신문 칼럼을 쓰고 대중문화 책도 쓰고 있었지만 방점은 역사에 두었다.

백병전을 벌이던 사람이 공중전으로 급선회한 것이라고 할 수 있을까. 역사가의 글을 빌려, 때로는 역사적 인물의 입을 빌려 자기 이야기를 하고 있다. 그냥 심심풀이로 쓴 것이 아니라 스스로 '역저'라는 말을 쓸 만큼 공을 들였다. 전공이 아닌 분야이니 봐야 될 자료와 책이 만만치 않았을 텐데 1년에 10권, 거의 한 달에 한 권 꼴로 책을 썼다.

2011년 교환교수로 미국으로 떠나기 전까지 역사에 매달려 『한국근대사 산책』 10권, 『한국현대사 산책』 23권, 『미국사 산책』 17권 등 총 50권을 이 기간에 썼다. 분량도 분량이지만 이 작업을 불과 6년여 만에 해냈다는 것이 더욱 놀랍다.

자신이 역사로의 퇴각을 통해 무엇을 구하려고 하는지 사람들은 별 관심이 없다는 것이 꽤 서운한 일일 게다. 역사가의 시각으로 보면서 현실과 거리 두는 방법을 배웠다. 역사를 보면 늘 정의가 이기는 것은 아니다. 역사, 특히 미국사 같은 외국 역사의 경우 내 편과 네 편이 그리 분명하게 나뉘는 것도 아니다. 정의가 실현되면 좋겠지만

위(좌) 한국현대사 산책(전23권) / **위(우)** 한국 근대사 산책(전10권)
아래 미국사 산책(전17권)

그것은 희망일 뿐 사실로 뒷받침되는 것은 아니다. 진영에서 벗어나서 바라보면 선과 악, 정의와 불의는 그리 선명하게 구분되는 것이 아니다. 공들여 썼건만 꼼꼼하게 읽어주는 사람이 많지 않았고 이에 대한 서평 한 줄도 찾기 어렵다. 그래도 강준만의 역사 산책 시리즈는 입소문이 나면서 수십만 권이 팔렸다.

스물세 권의 『한국현대사 산책』은 원고지 4만 장 분량의 대작이다. 1945년부터 2009년까지 65년간의 역사가 담긴 이 책은 '하룻밤에 읽는 한국 현대사'라는 제목을 붙여도 될 만큼 술술 읽힌다. 다른 역사 책에 나오는 내용도 있지만 강준만의 책이 아니면 보기 힘든 내용들도 많다. 한 인터뷰에서 대학 신입생들에게 권하고 싶은 책이 있느냐는 질문에 대해 『한국현대사 산책』을 권하면서, 읽으면 그만한 보상이 있을 거라고 자신감을 보였다.

강준만은 균형과 사실에 충실한 역사가이다. 한국 현대사를 다루면서 어느 한쪽으로 치우치지 않았다. 정치비평가로 보는 세상과 역사가로 보는 세상은 달라야 된다고 생각하는 것이다. 사족을 달 듯 한마디 할 때도 있지만 어느 한쪽에 결정적으로 힘을 실어주지는 않는다. 『한국현대사 산책』은 다루는 시대가 진보와 보수, 여야의 갈등과 대립이 격렬했던 시기라는 점을 고려하면 이런 태도는 더욱 의미 있게 보인다.

2000년대사는 좌우, 진보-보수 등 모든 이념적, 정치적 경계를 가로질러 냉정하게 쓰일 것이다. 나는 2000년대사가 '성찰의 교과서'가 되길 희망한다. 자료 선별의 주관성까지야 배제할 수는 없겠지만, 모든 시각을 다 소개하는 기록에 무게를 두었다. (『한국현대사 산책』제1권, 머리말에서)

「노무현 시대의 명암」이라는 제목을 붙인 2000년대 편은 한 편의 드라마 같다. 이 책 역시 수많은 인용의 연속인데 한 편의 훌륭한 모자이크화에 다름 아니다. 인용의 효과가 극대화된 저술이다. 자신이 깊숙이 참여하고 개입한 시대의 역사이기 때문에 분노와 회한, 환희 등 여러 감정이 있을 터인데 그런 것에 갇히지 않고 다양한 사람들의 다양한 목소리를 듣고 기록으로 남기려고 노력한다. 대중과 대화하고 소통하는 것에 그치지 않고 역사와 대화하고 자신의 작업이 역사적으로 평가받기를 원하는 것이다.

민주당 분당과 노무현 탄핵에 대해 상세하게 복기하고 꼼꼼히 따진다. 그때 그 일을 강준만만큼 집요하고 줄기차게 따져 묻는 사람은 보기 힘들다. 자기에게 중요한 일이기도 했지만 그 시기가 한국 정치의 병폐가 깊어지는 결정적인 분기점이라고 보는 것이다. 누가 무슨 말을 했는지, 그 때 그 사람이 어떤 표정을 지었고 어떤 행동을 했는지 꼬박꼬박 기록한다. 자기 눈으로 보고 자기 손때가 묻어 있는 시대를 철필로 새기고 암벽에 박아 넣듯 기록한다. 돌로 제 손가락을 짓찧어가면서 그렇게 흘린 피로 각종 수치와 인물과 그 인물의 발언 내용을 새긴다. 사건 하나하나에 제목을 달고 짧게 자기 생각을 더한다.

단순히 남들이 무슨 말을 했는지 옮겨 적는 것에 그치지 않았다. 나는 그 시절을 기록할 자격이 있고 그 시절을 기록할 의무가 있다는 자세로 쓴다. 노무현 시대 서술은 말 그대로 육필肉筆이라는 느낌을 준다. 차분하게 들으려 애쓰고 말하는 이의 진의를 제대로 전하려 애쓴다는 것은 몇 쪽만 읽어봐도 바로 알 수 있다. 탄핵에 대한 대목이 특히 그렇다. 탄핵에 반대하는 사람들의 목소리에 못지않게 찬성하는 사람들의 목소리도 충실하게 다뤄준다. 비아냥이나 조롱, 경멸의 시선이 아니다.

노무현 탄핵과 관련해 당시 방송 보도의 공정성 문제를 상세하게 기록하고 있다. '탄핵' 정국을 당시 방송사들이 민주 대 비민주의 대결 구도로 보도했고, 아무리 느슨한 기준을 적용해도 공정했다고 말하기 어렵다는 한국언론학회 보고서를 인용하는 대목도 있다. "탄핵안 가결을 둘러싼 갈등을 합법적 논쟁의 영역에 속하는 제도권 정치 집단 간의 정치적 갈등으로 본 것이 아니라 일탈적 행위로 보았거나 그렇게 보고자 했기 때문이며, 당시 사회적 분위기는 탄핵 방송의 논조를 거스르기 어려웠다"라는 한국언론학회 보고서는 그 내용의 타당성을 두고 크게 논란이 있었다. 강준만은 논란 많던 그 보고서를 사료 삼아 당시 탄핵 방송의 공정성에 문제가 있었다는 생각을 역사로 남기고 싶었던 것이다.

2000년대 초반 한국 사회를 뜨겁게 달궜던 언론개혁운동에 대해 '여론은 언론이 생산한다'는 제목으로 57쪽에 걸쳐 상세하게 다룬다. 이 가운데 자신이 촉매가 되고 논리를 제공한 안티조선운동은 3쪽 정도로 요약되어 있다. 그 운동에 대해 이렇게 평가하고 있다.

(투표와 여론의 괴리 현상 때문에-인용자) 이른바 '안티조선 운동'이 벌어지기도 하지만, 이런 운동이 한국인의 독특한 이중 심리 구조를 넘어서는 데에는 명백한 한계가 있다는 게 밝혀진다. 한국인은 물질적 삶과 정신적 삶에 있어서 상호 융합하기 어려운 2개의 각기 다른 패러다임을 갖고 있는데 이를 해소하기가 쉽지 않다는 뜻이다. (『한국현대사 산책』제3권, 306쪽)

▌미국사 17권을 2년에 쓴 괴력

『미국사 산책』은 2011년 마무리되었다. 아무리 박람강기博覽强記라고 하지만 다른 나라의 역사를 무려 열일곱 권의 대작으로 쓰는 일이 쉬웠을 리 없는데 이 작업을 2년 만에 해냈다. 한 달 평균 1.3권의 책을 썼으니 '읽는 속도보다 쓰는 속도가 빠르다'는 말이 사실일 수도 있겠다. 미국 유학 시절부터 준비한 자료가 도움이 되었다지만 미국과 미국역사에 대한 총체적인 이해가 없었다면 어려운 일이었다.

사실 미국사는 다소 뜬금없다. 그렇게 공을 들일 만한 분야일까 싶은데, 강준만은 미국사를 쓴 이유는 이렇게 설명한다.

"해방 이후 우리가 미국의 영향을 절대적으로 받은 것은 두말할 필요가 없어요. 그런데 뭐든지 미국 영향이라고 하는 것은 잘못된 겁니다. 어떠한 역사적 경로를 거쳤든 한국 사회가 갖게 된 특성이 있는데 그게 미국 사회의 특성과 상당 부분 같다는 것을 저는 발견한 겁니다. 그런데 한국의 역사가 미국보다 앞서니 미국이 제2의 한국이라는 이야기죠. 저는 그 닮은 점을 압축성장, 평등주의, 물질주의, 각개약진, 승자독식 등 다섯 가지로 요약했습니다." (이종탁과의 인터뷰, 경향신문, 2011.1.17.)

『미국사 산책』은 미국 역사가 주를 이루지만 사실은 서양사, 세계사 이야기다. 조선과 조선 인물들 이야기가 열일곱 권 중 어디에서도 빠지지 않는다. 미국 쪽에서 본 한국사, 한반도 바깥에서 본 한국사, 한-미 관계사이기도 하다. 읽다 보면 상식이 무럭무럭 자라고 다른 사람들 앞에서 '당신은 이런 거 모르지'라고 자랑할 것이 생긴다. 미국사를 통해 종으로는 시대를 다루고 횡으로는 사람을 관찰하고 세상을 분석한다. 부지런하고 똑똑하고 친절한 저자 덕분에 읽는 사람도 더불어 유식해지는 느낌을 준다. 지대넓얕, 지적인 대화를 위한 넓고 얕은 지식이란 말은 강준만 역사책에 딱 들어맞는 말이다.

지명의 유래를 설명할 때, 독자 입장에서는 제목만 들었지 실제 읽은 적은 없는 책을 친절하게 요약해줄 때, 자신이 얼마나 많은 것을 알고 있는가를 은근히 자랑하는 강준만 얼굴을 그려봐도 좋겠다. 숫자도 풍부하고 사람 이름도 풍부하고 사건도 풍부하고 심지어 영어 단어도 풍부하다. 이런 내용을 어디에서 찾아냈을까 경탄을 금할 수 없는 대목이 한두 군데가 아니다. 미국 원주민인 인디언들의 말에서 유래했다는 미국 주 지명의 어원 같은 대목도 그렇다.

Ohio 위대한 강, 아름다운 강/ Michigan 위대한 호수/ Minnesota 하늘빛 물/ Mississippi 아버지의 강/ Missouri 커다란 카누의 마을/ Iowa 아름다운 대지/ Dakota 사이좋은 벗/ Wisconsin 물이 모이는 곳/ Idaho 태양이 뜨는 곳/ Oklahoma 붉은 사람.

『미국사 산책』은 본인의 숨겨진 재능과 실력을 뽐내려는 책이다. 역사 전문가도 아닌 사람이 그런 대작을 썼다는 것을 백안시하는 사람도 있고 저작이 아니라 짜깁기에 불과하다고 말하는 사람도 있다. 그런 말은 질시라고 해야 한다. 기본적인 사실史實을 확인하고, 필요한 자료를 찾고, 시대순으로 구성을 하고, 수많은 자료 중에서 무엇을 넣고 무엇을 뺄지 고르는 과정이 어떤 노력과 수고를 필요로 하는 것인지 모르는 사람들이나 하는 이야기다. 무엇보다 다양한 역사적 사실을 어떤 시각으로 꿸 것인가를 정하는 것은 아무나 할 수 있는 일이 아니다. 강준만은 기본적으로 역사가라는 원용진의 평가는 정곡을 찌르는 말이다.

책을 쓰는 일이 곧 힐링이자 재미라는 강준만의 이야기는 『미국사 산책』을 보면 거듭 이해가 된다. 어렵게 한 자 한 자 적어가는 것이 아니라 유쾌하고 즐거운 마음으로 경쾌하게 쓴다. 일필휘지로 날렵하게 써가는 게 눈에 보인다. 헤아리기 힘들 정도로 많은 지명과 인명이 등장하고 세계사의 주요 사건은 말할 것도 없고 어디에서도 들어보거나 읽어본 적이 없는 사건이 줄을 지어 나온다. 지루할 틈이 없다. 읽는 사람의 재미에 앞서 쓰는 사람의 재미가 먼저 느껴진다. 정치 이야기가 많지만 경제, 문화, 과학, 하다못해 대구 이야기까지 말 그대로 종횡으로 누빈다. 이 책만 보면 강준만이 대한민국 3대 구라 중 한 명이라는 김어준 판단이 틀리지 않았다는 생각이 든다. 예를 들면 '노다지'라는 말이 1895년 미국에게 채굴권이 넘어간 평북 운산 금광에서 유래된 것이라며 이렇게 설명한다.

> 땅속에서 금맥이 드러날 때마다 미국인들이 지르는 소리는 똑 같았다. 노터치 No touch! 손대지 마라. 혹여 금을 훔칠까 봐 소리치는 것인데 조선인 광부들의 귀에는 노다지로 들렸다. 그들은 '노다지'를 '금'을 가리키는 양인들 말이라고 믿었고 그래서 자신들도 금맥을 발견하면 즉각 소리쳐서 금이 나왔음을 알렸다. (『미국사 산책』4권, 159쪽)

미국사 책은 강준만 특유의 구어체 문장이 빛을 발한다. 제 멋에 겨워 쓴 글이다. 글을 이렇게 써도 되는구나 싶고, 강준만이 아니면 누가 이렇게 글을 쓸 수 있을까 싶기도 하다. 『미국사 산책』제17권에 나오는 몇몇 표현을 보자.

> 오바마가 열을 단단히 받은 것이다. (226쪽)
> 선거자금 좀 많이 받았다고 굴복할 수야 있겠는가. (269쪽)
> 허나 그럴 리가 있겠는가. '실수'가 아니라 '사기'의 의도를 품고 보통 사람들의 돈을 먹겠다고 들면 무슨 짓인들 못할 것이며 법이 무슨 수로 그런 고난도 묘기 대행진을 막을 수 있을지 의문이 든다. (279쪽)
> 장군들이 대통령의 말을 잘 듣지 않는 것도 베트남전 때와 비슷했다.

(282쪽)

　이래저래 오바마로선 죽을 맛이었지만 '죽 쑤는 공화당'에서 한 가닥 위안을 찾을 수 있었다. (207쪽)

　그러나 '약속'을 지키려면 오래 걸리니 어쩌겠는가. 그게 어디 대통령이 직접 나서서 할 일이겠는가. 그래서 참모들이 나섰다. (205쪽)

　자꾸 약오른다는 느낌을 백악관에선 느꼈음직하다. (206쪽)

근대화 시기 한국 사람들의 삶은 한반도 안이나 밖이나 고단하기는 매한가지였다. 그런 사연들이 『미국사 산책』 곳곳에서 나온다. 1902년 12월 22일 새벽 인천항을 떠난 하와이 이민자들의 이야기는 10쪽에 걸쳐 상세하게 기술하고 있다. 국사 교과서에 나오지 않는 이야기지만 꼭 기억해야 할 우리 역사의 일부를 적고 난 뒤에 이렇게 마무리한다.

　조국을 떠난 조선인들에겐 그 어디에도 '지상낙원'은 없었다. 국내에선 외세에 휘둘리고 국외에선 피부색 때문에 차별을 받은 슬픈 디아스포라였다. (『미국사 산책』, 제4권, 259쪽)

『미국사 산책』 제7권의 경우 책의 절반 정도는 8·15 해방과 한국전쟁에 관한 이야기다. 미국의 시각에서 본 한국 현대사 이야기는 흥미롭다. 특히 한국전쟁 이야기는 50쪽에 걸쳐서 상술하고 있다. 강준만이 처음 발굴한 이야기는 아니고 어디서 읽은 것을 가져온 것이지만 독자들에게 뻔히 아는 이야기가 아닌 조금이라도 새로운 이야기, 새로운 시각을 보여주려는 노력이 글 곳곳에서 느껴진다.

맥아더는 별 다섯 개의 종신원수로서 전역을 신청하지 않는 한 원수 계급을 유지할 수 있었지만 해임 즉시 전역을 신청했다. 맥아더는 리지웨이에게 트루먼이 아마 정신질환 때문에 자신을 해임했을 것이라고 털어놓았다지만, 나중에 리지웨이는 맥아더에게 정신질환이 있는 게 아닌가 의심했다고 한다. (…) 맥아더 전기를 쓴 마이클 샬러는 인간적으로 볼 때 맥아더는 독선적이며 이기적이고 기회주의적이자 자아도취적 소아병 환자였다고 혹평한다. (『미국사 산책』, 제7권, 311쪽)

역사는 여유롭게 산책하는 공간만은 아니었다. '지금, 여기'에서 몇 걸음 물러서서 퇴수退守의 자세를 생각하는 것이다. 내가 겪은 일을 나만이 겪은 것이 아니라는 것, 나의 슬픔이 나만의 것이 아니라는 위로를 역사에서 찾으려는 것은 아닐까? 나의 실패와 좌절이 회복 불가능한 것이 아니라 긴 흐름에서 보면 얼마든지 유례를 찾을 수 있고 때로는 전화위복, 새옹지마가 될 수 있다는 것을 확인하고 싶은 것이다.

한심한 정치에 대해 '정치인 탓'을 하는 것만큼 정치를 망치게 하는 것도 없다. (…) 언론부터 '정치인 탓'을 하는 선전, 선동을 중단하고 '모두가 자발적으로 참여하고 책임질 수 있는 참여적 정치제도' 건설을

위한 방안을 제시해야 한다. (『미국사 산책』, 제1권, 179쪽)

권력은 그 속성상 타락하게 돼 있고, 권력을 잡은 진보도 그런 원리에 의해 타락의 길로 **빠져**들기 십상이다. 무슨 이념을 표방하건 출세한 자와 그렇지 못한 자 간의 구도로 이루어지는 게 세상이지만 정치는 그 구도를 은폐하거나 무너뜨리는 기제가 된다. 그런 점에서 '대중 마케팅'에 근거하는 대중민주주의는 인간본성의 시험대이다. (『미국사 산책』, 제2권, 194쪽)

미국 이야기를 하면서도 늘 한국을 생각한다. 그러니 '나라를 걱정하는' 이런 유의 문장이 수시로 나온다.

…'증오 마케팅'은 이념과 정치 성향을 초월해 존재하는 미국 정치의 일상이다. 물론 한국도 예외는 아니다. 아니, 어느 나라인들 다르랴. 어느 나라에서건 모두 '증오의 언어'를 잘 구사하는 논객들이 인기를 끌고 있다. 어쩌겠는가. 그게 인간의 속성인 것을. (『미국사 산책』, 17권, 226쪽)

맥아더는 일본에서 군주 행세를 하면서 그 재미에 푹 **빠져** 있었기 때문에 한국 문제는 안중에도 없었던 것이다. (『미국사 산책』, 제7권, 168쪽)

한국인들은 잘 싸웠다. 그러나 우리는 내부적으론 엄격해야 하기에 독립운동 세력이 이렇다 할 저항도 못했으면서 내부 갈등과 분열로 역량을 탕진한 것에 대해서는 있었던 그대로 말할 수 있어야 한다. 비판이 아니라 이해를 위해서다. 무조건 미화한다고 해서 국민적 자긍심이 생겨나는 것은 아니잖은가. (『미국사 산책』, 제7권, 115쪽)

『미국사 산책』을 보면 새삼스럽게 자료를 모으고 이를 분류해서 제목을 달아 책으로 만들어 내는 강준만 능력에 탄복하게 된다. 자료들을 마치 종 부리듯 한다. 자유자재, 능소능대하다.

"강 선생은 기본적으로 역사학자예요. 역사학자. 사람들이 잘 모르는 경우가 많은데 처음에 박사학위 논문을 쓰려고 했던 것도 미국의 미디어 정책사 이런 것 쪽에 관심이 많이 있었죠. 강 선생님 책을 보면 의외로 역사 책이 많죠. 한국 근대사 묶은 것도 다 역사책이니까…. 그리고 역사학자로서 자료 수집에 굉장히 탁월하고 훈련이 돼 있기 때문에 책을 많이 내실 수 있는 그런 준비가 되셨던 거죠. 사람에 대한 관찰력이 굉장히 뛰어난 분입니다. 한마디로 인류학적 소양을 갖고 있는 역사학자라고 저는 생각합니다."(원용진, 서강대 명예교수)

젊은 시절 모든 글을 영어로 써보겠다는 생각을 했을 만큼 영어에 대한 관심도 많다. 그 관심을 놓치지 않고 영어의 어원을 미국사와 연결 지어 설명한 『교양 영어 사전』을 두 권으로 냈다. 권당 분량이 800페이지인 벽돌 책이다. 『재미있는 영어 인문학』이라는 책도 두 권으로 냈다. 이 책들은 네이버와 카카오에서 수천만 원을 주고 판권을 사갔다.

그 말이 그 말 같고 때로는 쇳소리 나는 음색 일색의 강준만 정치 비평서가 지겨워질 때면 2012년 펴낸 『교양 영어 사전』을 아무 쪽이나 펼쳐 보곤 했다. 그 책을 보면 강준만의 다른 얼굴이 보인다. 유쾌하고 친절하고 부지런한 '교양인'의 얼굴이다.

husband(남편)는 중세 시대에는 남자의 결혼 여부가 아니라 가정 경제를 돌보는 등 경제적 사정과 관련된 말이었다. 원래의 뜻도 hus(house)와 bunda(owner of land and stock)가 합해진 말로 "집을 소유, 관리하는 사람"이었다. 이 원래의 뜻은 오늘날에도 husband의 동사형에서 "절약하다economize"는 뜻으로 살아남았다. Husband one's resources는 "자금을 아껴 쓰다"는 뜻이다.

『미국사 산책』 열일곱 권의 저술 작업을 마치고, 2011년 미국 교환 교수로 떠났다. 유학을 마치고 돌아온 지 23년 만에 다시 미국 땅을 밟았는데, 미국사와 영어 이야기를 미국 사람들에게 어떻게 풀어먹었을지 궁금한데 그런 이야기는 기록으로 남긴 게 없다.

▌언론인 강준만

리영희가 '60% 저널리스트, 40% 아카데미션'이었던 것처럼 강준만도 저널리즘과 아카데미의 두 영역에 동시에 발을 담그고 살아왔다. 강준만 자신은 어떻게 여길까.

- 스스로 언론인으로 생각하나요?

"언론인까지야… 대중적 글쓰기 하는 언론학자이지요. 저를 언론인이라고 하면 과찬이고 전업자들에 대한 예의가 아닙니다. 물론 언론인 역할 하면 좋겠지만요." (김규원과의 인터뷰, 한겨레, 2005. 11. 23.)

2000년대 초반 전북에서 뜻을 같이하는 사람들과 『열린전북』이라는 월간지를 만들어 발행했고 지역 언론단체에 대한 오랜 후원자였다. 전북대 제자들과 『선샤인뉴스』라는 인터넷 언론을 만들기도 했고 30년 이상 거의 쉼 없이 일간지에 칼럼을 연재해왔다. 『월간 인물과 사상』을 20년 넘게 끌고 왔으니 언론인이라는 말을 쓴다고 틀린 것은 아니다. 책과 저널리즘을 결합한 출판 저널리즘이라는 새 분야를 열어젖힌 선구자이기도 하다.

나에게 책은 저널리즘이다. 하루살이 신문보다는 수명이 긴 저널리즘이긴 하지만 기본 시각은 그렇다. 책을 진지하고 심각한 매체로 대하는 저자들은 자신의 책을 '작품'으로 간주해 책 하나하나에 심혈을 기울이지만, 나는 격월간지를 내듯 매년 6권 이상의 책을 양산해 내기 때문이다. 남의 책을 읽는 것도 저널리즘 대하듯이 하느라 책을 많이 사대고 다독, 속독을 한다. 저널리즘이라고 해서 묵은 책을 내다 버리

진 않는다. 악착같이 다 보관한다. (『미디어의 숲에서 나를 돌아보다』, 102쪽)

언론학자와 언론인과 작가의 교집합이 강준만이다. 세 직역의 장점을 두루 갖춘 저작도 있지만 모든 책이 그런 미덕을 갖추고 있는 것은 아니다. 꼭 읽어야 되는 건가 싶은 책도 있고, 밑줄 치면서 읽고 싶은 책도 있다. 위에서 아래로 대각선 방향으로 읽어도 될 듯한 책도 있다. 『미국사 산책』은 밑줄 치며 읽고 싶은 책이다.

2018년 전주 MBC 사장으로 부임한 송기원이 가장 먼저 추진한 일은 토론 프로그램 사회자로 강준만을 섭외하는 것이었다. 실무자들로는 일이 진행되지 않자 본인이 직접 나섰다. 송기원은 전국적인 지명도가 있는 강준만을 사회자로 내세운 토론 프로그램을 만들면 큰 화제가 될 것이라고 확신했다. 토론 주제 설정을 비롯해 프로그램 제작의 전권을 드릴 테니 프로그램 진행을 맡아줄 것을 삼고초려의 자세로 수차례에 걸쳐 간곡하게 설득했다. 강교수님이 수락해주시면 지역 발전에도 큰 도움이 되지 않겠느냐는 논리도 동원했지만, 강준만은 자신은 방송에 잘 맞지도 않고 그런 일을 하고 싶지도 않다며 거절했다. 강준만에게 그런 제안을 한 것은 송기원만이 아니었다. 전주 지역 방송사 책임자로 부임하는 사람들은 거의 빠짐없이 그런 제안을 강준만에게 했지만 강준만을 방송 카메라 앞에 세운 사람은 없었다.

강준만은 자신의 다소 투박한 어투가 방송에 잘 맞지 않는다는 생각을 하는 듯하다. 그런 점이 개성으로 작용할 수도 있을 텐데 하여튼 그런 역발상은 하지 않았다. 영상시대에 강준만은 영상과 친하려는 노력을 별로 하지 않는다. 하고 싶은 일은 열심히 하지만, 하고 싶지 않은 일은 누가 권해도 하지 않는 사람다운 태도다.

10장

'나는 쓴다,
고로 존재한다'

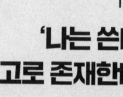

█ 강준만 가라사대 문체

"나는… 생각한다"는 문체는 강준만 글에서 쉽게 볼 수 있다. '나는'이라는 주어가 수시로 반복된다. 굳이 '나'라는 표현이 필요하지 않은 문장, '나'라는 말이 없다면 더 매끄럽게 읽힐 만한 곳에서도 '나'라는 말이 들어간다.

나는 그가 자신이 '회색인'이라거나 '비체제'의 삶을 살아왔다고 말하는 건 온당치 않다고 생각한다. (『인물과 사상』 제22권, 123쪽)

나는 이들의 심리 저변엔 지방을 폄하하는 심리가 자리 잡고 있다고 생각한다. (『정치를 종교로 만든 사람들』, 78쪽)

나는 모든 기자들이 자신의 이해관계에 연연하지 말고 대국적으로 노무현의 언론개혁 발언을 이해해야 할 것이라고 생각한다. (『노무현과 국민사기극』, 208쪽)

나는 이 사건이 문재인이 종전 선언, 그리고 이후 자신이 주도해 전개하고 싶은 민족적 화해라는 큰 그림에 너무 집착했기 때문에 벌어진 신新매카시즘이자 국가 범죄라고 생각한다. (『엄마도 페미야?』, 197쪽)

'강준만 가라사대' 문체는 자의식으로 충만한 사람이라는 것을 알려준다. 어디 선지자가 남에게 의견을 구하던가. 자신이 선포하고 자신이 책임지면 되는 것이다. 마치 복음이라도 선포하듯이 이야기하고 나의 말이 틀릴 리 없다는 자신감으로 충만한 글을 쓴다. 강준만 가라사대 문체는 '전기'나 '후기'나 달라지지 않았다. 일관성을 고집하지 않는다고 하지만 문체에는 일관성이 있다.

세상을 내려다보면서 글을 쓴다. 독자들을 우러러보며 쓰지 않는다. 겸손보다 중요한 게 없다고 말하고 실제 삶에서도 겸손하다지만 글에서는 오만이 뚝뚝 묻어난다. 경어체 문장을 시도한 적도 있지만 오래 가지는 못했다. 강준만이 쓴 책에서 '통촉하여 주시옵소서'라고 옮겨질 수 있는 글은 찾기 쉽지 않다. 가고자 하는 방향이 명확하다. 좌고우면 하거나 망설이지 않는다. 이 길이 맞는지 잠시 멈춰 서지도 않는다. 의심과 저어함을 드러내지 않는다. 남에게 묻는 일도 거의 없다. 지독한 고집쟁이, 자기만을 믿고 가는 소신파의 문장이다. 강준만이 말하는 '겸손과 성찰'이 잘 실감되지 않는 이유 중에는 '강준만 가라사대' 문체와 '독자를 내려다보는' 어투도 한몫한다.

자신을 향해 말하는 경우는 거의 없다. 늘 남에게 말한다. 어떻게 봐도 내향적인 사람은 아니다. 대중에게 말하고 논적들을 논박하고 지식인들에게 훈계한다. 반성과 성찰이 없는 것은 아닌데 그 결과는 항상 밖으로 표현된다. 말하기 위해 성찰하고, 세상을 이해하기 위해 자신을 보는 사람이다. 세상에 대해 할 말이 많고 세상 일에 집착한다. 지독한 집착은 지독한 낙관주의가 없으면 불가능하다. 매달리고 노력하면 세상은 나아질 수 있다고 믿는 것이다. 그러니 지칠 법한 순간에도 한 줄의 글이라도 더 읽고 한 줄의 글이라도 더 쓴다. 그런 믿음이 없다면 40년의 고독을 견디며 그렇게 끈질긴 작업을 하기는 어려웠을 것이다.

지방대의 현실을 이야기할 때나 제자들의 딱한 현실을 보면 피눈물이 난다고 말하는데, 정작 글은 건조하기 짝이 없다. 눈물과 애상으로 세상은 바뀐 적도 없고 바뀌지도 않는다고 믿는 거다. 표현이 강하거나 거칠 때도 있지만 과장은 찾아보기 힘들다. 모든 글이 촘촘하다고 할 수는 없지만 글이 공중에 둥둥 떠다니는 법도 없다. 자신의 주장을 뒷받침하는 통계와 수치가 거의 빠지지 않고—다른 사람 인용은 말할 것도 없고—자료의 출처는 꼬박꼬박 밝힌다.

한 점과 한 점을 가장 빠르고 정확하게 연결하는 직선이 있는데 군이 우회할 이유가 없다는 듯 강준만의 거의 모든 문장은 직설 그 자체다. 잘못 만지면 손을 베여 선혈이 흐를 거 같은 날카로움이 있다. 강준만의 글은 인터넷 글쓰기의 전범이라는 평을 들었지만 정작 본인은 인터넷에 글을 쓰지 않는다. 제목만 봐도 무슨 말을 하려고 하는지 예측 가능하고 대부분의 글은 예상을 벗어나지 않는다. 문장에 대한 욕심이 있을 법도 한데 그런 것을 드러내지 않는다. 반전 같은 것을 꾀하는 법은 없다. 느닷없이 독자들에게 '이건 몰랐지?' 같은 태도를 취하는 경우도 거의 없다.

글에서 완력이 느껴진다. 등 근육 탄탄한 사내의 도끼질 같다. 단 한 번 도끼질로 장작을 두 쪽 낼 기세로 글을 쓴다. 우격다짐을 할 때도 있다. 뚝심 좋게 버티고 거칠게 밀어붙인다. 세상의 편견과 오해를 통박할 때도 그러하지만 소통과 화해를 이야기할 때도 목소리가 나긋나긋하지는 않았다. '당신도 할 말이 있으면 얼마든지 해봐'라고 말하지만 강준만 서슬에 상대방은 제대로 말을 이어가지 못한다. 상대에게 어깨를 내주어서는 안 된다는, 누구와의 싸움에서도 기세에서 밀리지 않아야 한다는 독한 교훈이 몸에 밴 사람의 글이다. 상대방의 멱살을 움켜쥐고 거칠게 흔들어대는 듯한 글이다.

좋은 의미로든 나쁜 의미로든 강준만의 글은 변하지 않았다. 나빠지지 않았지만 그리 나아지지도 않았다. 한결 같은 글, 한결 같은 태도다. 늘 같은 방법으로 훈련을 하고 늘 같은 동작으로 타석에 들어서 같은 방법으로 방망이를 휘두르는 타자처럼 같은 방법으로 책을 읽고 같은 방법으로 글을 쓴다. 강준만이 좋아하는 야구로 비유하자면 구사할 수 있는 구종이 직구 하나인 사람이다. 직구 하나로도 버틸 완력이 있는 투수지만 변화구를 익히는 것을 그리 내켜 하지 않는다. 구종이 조금만 다양했다면 당연히 성적도 지금보다는 나아졌을 것이다. 본인도 몇 차례 다른 방식으로 글을 써보겠다고 말했고, 실제로 그런 노력을 한 것도 사실이다. 그렇지만 사람의 성정이 쉽게 바뀌지 않는 것처럼 글도 잘 바뀌지 않는다. 강준만의 글이 달라졌다면 본인의 의지나 노력이 아니라 세월의 힘이다.

"나이가 들어갈수록 더 크게 더 넓게 보게 되더라고요. 어떤 목표를 완수하기 위해 전력 질주하는 그런 행태 자체와 거리를 두게 되더라는 거죠. 그럴 필요도 있다는 걸 인정한다는 거죠. 그런 점에서 내가 확실히 나이 먹어간다고 느낍니다." (김종목과의 인터뷰, 경향신문,

2020.8.8.)

나이 예순을 넘기면서 해탈한 듯한 표현도 곳곳에서 볼 수 있다. 어떤 때는 너그러움이 지나쳐서 특유의 매서움이나 날카로움이 아쉬울 때도 있다. 초조와 여유가 번갈아 나타나고 어떤 대목은 체념처럼 읽힌다. 이 변화에 사람들은 별 관심을 두지 않았다.

오로지 텍스트 속에 있는 사람들과 대화하고 그들에게서 영감을 얻는다. 현실에서 만나는 사람들은 수시로 낯을 붉히고 목소리를 높이고 때로는 이해관계 때문에 등을 보이기 일쑤지만 자료 안에서 만나는 사람들은 그렇게 가볍게 굴지 않는다. 현실에서 택할 수 있는 선택지들은 그리 많지 않지만 연구실 자료 안에서 고를 수 있는 답안지들은 얼마든지 많다. 마음에 들지 않거나 제대로 다룰 자신이 없으면 분야를 바꾸거나 다른 주제를 택하면 된다. 그러면 택할 수 있는 자유는 더욱 늘어난다. 그 재미에 빠져 평생을 살고 있는 사람이다.

▌반복과 인용

같은 말의 지겨운 반복이라는 지적은 가장 흔한 강준만에 대한 비판이다. 본인도 그 비판이 틀렸다고 반박하지 않는다. 300권에 가까운 책을 탈탈 털면 몇 줄의 글이면 충분하다고 혹평하는 사람도 있다. 진보 문제, 지방 문제, 서울대 문제, 한국 주류사회 문제, 언론 문제 등이 한번 말해서 해결되는 것들인가. 그러니 같은 이야기를

하고 또 하고, 또 하는 것이다

여기에서 쓴 글을 저기에 싣고, 저기에서 쓴 표현을 여기로 가져오기 일쑤다. 비슷한 문장과 표현이 몇 번씩 반복되기도 한다. 본인의 다른 책에서 두세 페이지의 글을 토씨 하나 바꾸지 않고 가져오는 경우도 드물지 않다. 신문이나 월간지 기고 등을 묶어 책으로 내는 경우는 불가피하겠으나 그 정도가 심하다. 마땅히 걸러져야 할 것, 충분히 거를 수 있는 것조차 걸러지지 않을 때 저자의 성실성을 의심하게 되지 않겠는가. 300권에 육박하는 책들이 '지적인 난사'처럼 느껴지는 경우는 이런 태도 때문일 것이다.

본인은 카타르시스를 느낄지 모르지만 보다 정교한 작업일 수는 없었을까. 그것은 정말 불가능한 일이었을까. 퇴고를 하지도 않고, 한번 쓴 글은 다시 읽어보지 않고, 지금까지 자신이 몇 권이나 책을 썼는지 모른다는 이야기는 오만하게 들린다. 책 같은 것은 뭐 그리 대수롭지 않게 생각한다는 말도 그렇다.

남의 글을 빌려 자기 생각을 말하는 데 천재다. 어느 대목에서 누구 말을 빌려야 할지, 어느 책에서 어느 구절을 빌려와야 할지 잘 안다. 책 분량의 절반 정도가 인용인 경우도 있다. 책을 쉽게 그리고 빠른 속도로 내는 비결이기도 하다. 인용은 '후기'만의 특성은 아니지만 역사 시리즈를 쓰면서 더 뚜렷해진다. '후기' 강준만의 글이 전기에 비해 긴장도와 밀도가 떨어진다는 비판은 이와 무관하지 않다.

- 정희진: 선생님 책에는 '인용'이 참 많이 나오는데요. 글을 쓰면서 인

용을 즐겨 사용하는 특별한 이유가 있으신가요?

"맞습니다. 늘 그것 때문에 욕을 먹고 많은 비아냥 선물을 받기도 하지요. 제 팬을 자처하는 어떤 분은 그런 비아냥이 억울하니 인용을 좀 줄이면 안 되겠느냐고 조언까지 하더군요. 그렇지만 제게도 이유가 있거든요. 크게 보아 세 가지입니다.

첫째, 제가 전적으로 공감하는 경험 중심의 실감나는 말을 널리 알리고 싶어서입니다. 제 말로 바꿔 써선 실감이 살지 않습니다. 많은 인용을 못마땅하게 생각하는 분들은 저자의 위상을 높게 평가하는 '작가주의' 취향의 독자들인데, 저는 '작가주의'를 거부하는 실용파거든요. 저자신의 위상이나 이름보다는 독자들에게 서비스를 제공하는 '지식 소매상' 노릇만 잘하면 그만이라는 거지요.

둘째, 제가 생각을 얻은 원문을 제 말로 바꿔 쓰는 게 불편하게 느껴지는 결벽증 때문입니다. 신문 기사 하나라도 그걸 어떤 기자가 썼는지 그걸 꼭 밝히고 싶어 합니다. 심지어는 제가 스스로 생각한 것이라도 나중에 그와 비슷한 글을 발견하게 되면 그 글을 인용하는 걸로 대체할 정도로 '자기 비하'(?)가 심하지요.

셋째, 저자 과대평가에 대한 거부감 때문입니다. (…) 우리 시대의 저자들이 어떤 글쓰기 스타일을 구사하건 사실상 '사전 편집자'에 지나지 않는다는 '저자의 죽음'론을 상당 부분 수용해야 한다는 거지요. 저는 디지털 시대에 책이라는 매체는 연극이나 영화와는 달리 그 자체로 완결된 작품이어야 할 필요가 없다고 봅니다. 나쁘게 말하면 책을 우습게 아는 것이고, 굳이 좋게 말하자면 겸손하고 정직한 거지요. 제

글쓰기 방식에 대한 비판도 저를 과대평가하는 기반 위에서 출발한 것이기에 어찌 생각하면 고마울 따름이지요." (정희진과의 인터뷰, 한겨레, 2014. 12. 12.)

▌강준만이 강준만을 밀어내는 역설

잠시도 페이스를 늦추지 않는 중거리 달리기 선수 같다. 중거리 달리기의 속도로 마라톤을 완주하는 믿기 힘든 신묘한 재주를 선보인다. 『김대중 죽이기』를 낸 이후로 단 한 해도 책을 내지 않은 적이 없다. 매년 대여섯 권씩 책을 냈다. 2011년 미국 교환교수로 갔을 때는 모처럼 쉴 법도 하건만 쉬는 재주는 없는 모양이다. 그 때는 영어를 파고들었고, 그 결과물이 『교양 영어 사전』, 『재미있는 영어 인문학 이야기』를 비롯한 일곱 권의 영어 책으로 나왔다.

한두 해는 이렇게 쓸 수 있을 테고 한 가지 주제로 깊이 있게 말할 수도 있다. 그렇지만 수십 년 동안 이렇게 다양한 주제에 대해 끈질기게 매달리는 사람은 찾아보기 힘들다. 강준만 인생에서 책에서 손을 떼고 책을 쓰지 않은 시간은 거의 없었을 것이다. 민주당 분당 사태와 『인물과 사상』이 문을 닫을 때처럼 지치고 낙담했을 때조차 책에서 눈을 떼지 않고 펜을 놓지 않았다.

어떤 힘이 강준만을 40년 가까운 세월 동안 밀고 왔을까. 강준만을 여기까지 밀고 온 첫번째 동력은 '인정 욕구'다. 남들이 알아봐주고 남들에게 인정받는 것, 그 욕망이 자신을 밀고 온 힘이라는 것은 여러 곳에서 밝혔다. 다른 것은 다 버려도 인정 욕구만큼은 버리지 못한다. 두 달이 멀다 하고 나오는 책이 그 증거다. 신간을 들고 나오면서 '나 살아 있다, 아직 죽지 않았어!'라고 말하는 거 같다. 인간의 행동을 지배하는 가장 기본적인 원리는 다른 사람으로부터 인정받으려는 욕구라고 했다. 물론 이게 지나치면 '관종'이라는 말을 들을 수 있지만 강준만을 오늘도 연구실로 발걸음을 옮기게 만들고, 심연 같은 고독을 견디게 만드는 힘이 인정 욕구인 것은 틀림없다.

> "오히려 혼자 외롭게 있기 때문에 인정욕망을 더 충족시키는 면이 있죠. 저도 인정 욕구가 대단히 강하단 말이에요. 내가 옳다고 믿는 바를 실천함으로써 충족되는 인정욕구가 (제게 있습니다)" (조성식과의 인터뷰, 『신동아』, 2000년 10월호)

두번째 힘은 습관과 중독이다. 누구에게 맞추지 않고 누구에게 얽매이지 않는 자유로운 글쓰기에 중독된 것이다. 중독이 되었으니 쓰지 않으면 못 배기고 책을 내지 않으면 못 견디는 것이다. '초기'에는 분노의 힘에 기대며 글을 썼지만 '후기'로 갈수록 오로지 재미와 습관으로 글을 쓴다. 돈은 그 다음 문제다.

> "내게 책 쓰는 것은 중독이고 일종의 취미 생활이다. 사명감 같은 게 없고, 누구는 내가 돈 때문에 많이 쓴다고 하지만 오히려 거꾸로다. 자주 책을 내는 것은 덜 팔려서 오히려 비효율적이다. 띄엄띄엄 내는 게

돈벌이로는 낫다. 나는 그냥 책 쓸 준비하고 책을 내는 게 취미다. 매우 재미있다. (…) 온라인 게임이 재미있다고 하는데 내겐 책 쓰는 게 그 재미다."(김규원과의 인터뷰, 한겨레, 2005. 11. 23.)

정의감, 희생, 봉사 이런 것이 아니라 재미로 글을 쓰고 책을 낸다는 것이다. 다소 위악적으로 들리지만 사실이기도 하다.

"저는 '나 즐기자 주의자'입니다. 그건 정직하게 인정합니다. 하지만 우선 제가 즐거워야 하고 그게 우선이어야 한다고 저는 생각합니다. 국가와 민족을 위해서 나를 던지고 봉사하고 희생한다? 저는 그런 것 아닙니다. 그렇게 말한다면 제 자신을 속이는 것이지요. 그러니 저를 무슨 시대의 양심으로 보지 말기를 바랍니다. 다만 즐기면서 할 수 있다는 발상의 전환을 해봐라, 이게 제가 하고 싶은 말입니다."(김종엽과의 인터뷰, 『1998년 REVIEW』 가을호)

글 쓰는 일의 본질은 용기다. 강준만은 자신의 기준에 비추어 옳지 못한 것은 참지 못한다. 남들이 주저할 때 강준만은 먼저 치고 나선다. 거기에 확실히 피가 뜨거운 사람이다. 어지간한 사람보다 1.5도 정도는 뜨겁지 않을까 싶다. 그런 뜨거운 피가 있으니 가만히 앉아 있지 못하는 것이다.

모든 것을 기록, 즉 책으로 남겨야 직성이 풀린다. 제자들과 수업한 것, 제자들에게 특강을 한 것도 책으로 만든다. 무엇 하나 그냥 버리지 않는다. 미국사 관련 책을 쓰면서 공부했던 영어 지명과 어원 등을 묶어서 근사한 교양 영어 책으로 냈다.

강준만 책에는 다른 사람의 추천사가 일절 없다. 책을 홍보하는 데 남의 힘 빌리지 않겠다는 뜻인 동시에 오로지 혼자 힘으로 책을 쓴다는 것을 상징적으로 보여주는 모습이다. 내 책에 어떤 식으로든 다른 사람의 개입은 허용하지 않고, 내 인생 내 힘으로 살겠다는 도저한 자존심의 표현이기도 하다.

▍강준만 다작의 비밀은?

지난해만 『당신의 운명을 사랑하라』 『MBC의 흑역사』 『무지의 세계가 우주라면』 『공감의 비극』 『정치무당 김어준』을 출판했다. 대략 300권 가까운 책을 썼으니 남들이 평생 읽을 책을 쓴 셈이다. 정치, 역사, 대중문화, 야구 등 스포츠, 영어 이야기, 전화 이야기, 룸살롱 이야기, 글쓰기, 최근에는 체념을 통한 마음의 평안을 강조하는 자기계발서까지 관심사는 참으로 다양하다.

강준만의 책이 강준만의 책을 밀어낸다. 서점에서 강준만이라는 이름이 박힌 신간을 볼 때마다 "또 나왔네… 어쩌라고?"하는 마음이 들곤 했다. 성공한 것도 다작의 힘이지만 망한(?) 것도 다작 탓이다. 인물과사상사 이태준 부장은 강준만의 제자로 초기부터 강준만의 저술 작업을 가까이서 지켜보고 도와온 사람이다.

- 강준만 교수는 어떻게 그런 엄청난 집필 작업이 가능할까요?

"교수님 책 발문에 피카소와 한 여인의 이야기가 있는데 그 발문을 제가 뽑았거든요. 한 여인이 자신의 초상화를 그려달라고 부탁했는데 피카소가 단 몇 분 만에 그림을 그려주고 8000만 원을 달라고 했답니다. 그러니까 그 여인이 '아니 불과 몇 분 그려 놓고 8000만 원을 요구하는 게 말이 되느냐고 항의를 했답니다. 그러니까 피카소가 '난 단 몇 분 만에 그릴 수 있는 실력을 쌓기 위해 40년이 걸렸다'고 그랬답니다. 제가 볼 때 교수님은 피카소보다 훨씬 더 많이 일하시고 노력하는 거 같습니다. 삶 자체가 읽고 쓰고 생각하는 게 다인 거 같습니다. 어마어마하게 읽으시고 어마어마하게 쓰시고 무엇보다 결정적인 것은 그 일을 즐기세요. 교수님이 그 일을 즐겁게 하세요. 그래서 이게 가능하구나… 제가 가끔 전주로 찾아 뵈면 꼭 밥 사주고 술 사 주시는데 그렇게 하고 난 뒤에 댁으로 안 가시고 연구실로 가세요."

 - 출판사에서는 마케팅 차원에서 너무 많이 책을 내는 것이 도움이 안 되지 않겠습니까. 1년에 한두 권 정도 내는 게 판매에는 도움이 될 거 같은데 강준만 책이 강준만 책을 밀어내는 상황 아닌가요.

"그렇죠. 다작이 판매에는 마이너스죠. 좀 시간을 두고 내서 한 방 빵 터트리는 게 저자나 출판사 모두를 위해서 낫긴 한데 강 교수님 본인이 내고 싶어 하는 책들이기 때문에 저희로서는 그 뜻을 최대한 존중해드리고 있습니다. 그것말고 강 교수님에게 다른 저자와 다른 특별한 혜택은 일절 없습니다."

 - 혹시 강 교수님에게 '조금 기간을 두고 책을 내시는 게 마케팅 측면에서 도움이 됩니다'라는 말씀을 드린 적은 없습니까?

"없습니다. 왜냐하면 강 교수님은 '나는 읽고 쓴다', 이게 다인 분이에요. 제가 봤을 때 그게 그분의 삶이에요. 저는 그런 삶을 존중해드리고 싶습니다."

신문 등 자료를 읽고 키워드 중심으로 분류하는 작업에 하루 두세 시간을 쏟는다. 키워드를 가나다 순으로 분류하고 관련 자료를 계속 추가하는 방식이다. 예를 들면 '대중문화' 파일은 이런 키워드들로 나뉘어 있다.

가십/가요/가요내용/가요윤리/간접광고/감정/감정노동/감정자본주의/강신주/개그/걸문화/검색/게임/계급/고급문화/고의적 진부화/고화질/골프/공백에대한증오/공연/관광/광고/광고대행사/광고모델/광고통계/구글글래스/귀벌레/귀신/그람시/그래피티/글쓰기/금지곡/기부마케팅/기차/김구라/김연아/낚시/남녀평등/네이버/네이버지식백과/녀/노래방/놀이/눈물/뉴미디어스나이퍼/뉴스/뉴스어뷰징/닌텐도/다음/다채널시대/다큐/단통법/대중문화/대중문화공화국/대중문화사/댓글/데이터센터/독립영화/독립제작사/독서/동성애/동영상/두발/뒤아멜/드라마/드세르토/디드로효과/디스/디자인/디지털격차/디지털교과서/디지털군주론/디지털네이티브/디지털문화/디지털스토리텔링/디지털영화/디지털지능/디지털치매/디지털혁명/디지털화/디카/라디오/라인/레이디가가/로맨스/로봇/롱테일/리메이크/리액션/리얼리즘/리얼리티/립스틱/마광수/마우스/마이크로네이션/마케팅/만화/맥루한/….

'대중문화'만으로도 수백 개의 키워드가 나오고 키워드에 따라 자료를 분류한다. 예전에는 파일로 분류했지만 이제는 데이터베이스에 저장한다. 필요할 때 이 자료만 꺼내면 책의 절반은 이미 완성된 셈이다. 인물 파일도 이런 식으로 정리한다. 정치인과 언론인 등 수천 명의 인물 파일을 만들고 관리했다.

"요즘은 줄었습니다만 전에는 웬만한 인문사회과학 책은 다 샀어요. 그 중에 다독해도 좋을 책과 정독해야 할 책을 구분합니다. 다독용은 하루에도 열댓 권씩 휙휙 넘기며 봅니다. 그러다 참고할 대목이 나오면 여백에 메모를 하고 주제어 항목에 어느 책 몇 페이지에 이런 대목이 있다고 입력해 놓는 거죠. 그러니까 어떤 책을 쓴다고 하면 읽기는 다 끝난 상태입니다. 전체적으로 보면 읽는 시간과 쓰는 시간이 반반 정도 되지 않을까 싶네요." (이종탁과의 인터뷰, 경향신문, 2011.1.17.)

강준만에게 머리로만 생각하는 것은 생각하는 것이 아니다. 머릿속에 든 것을 손으로 옮겨 적는 일도 생각하는 과정이다. 생각하는 것과 쓰는 것은 구분할 수 없을 만큼 거의 동시에 이루어지는 작업이다. 그렇지 않다면 그 많은 저작을 해낼 도리가 없다. 자기만의 프레임이 있고 어떤 주제도 이 프레임 안에 들어가면 마치 찍어낸 것처럼 글이 나온다. 책 한 권 내보겠다고 머리 싸매고 고민하는 사람들 입장에서 보면 부럽기도 하고 얄밉기도 한 사람이다.

▌글쓰기가 아니라 사는 것이 어렵죠

2014년 12월, 정희진과의 인터뷰는 흥미롭다. 두 사람의 문답은 어긋나기 일쑤인데 이런 엇갈림을 통해 강준만이 어떤 사람인지 더 분명해진다. 정희진이 글쓰기의 어려움과 피로증을 말할 때 강준만은 민주당 분당 시기의 어려움을 말하고, 권태기를 말할 때 중독을 말한다. 논란이 우려돼 못 쓰는 글이 있느냐는 질문에는 그런 글은 아예 관심을 안 갖는다고 대답한다.

- 정희진: 자기 검열, 사회적 검열, 표현력 등의 문제로 자기 생각을 온전히 글로 표현할 수 있는 사람은 없을 겁니다. 선생님의 경우 몇%까지 재현 가능하십니까?

강준만: 사전 질문지에서 표현력이란 단어 보고 가슴이 아팠죠. 저는 표현력이 안 되잖아요. 저는 섬세하고 심오하게 못 들어가잖아요….

- 정희진: 아니요. 제 질문은 써놓고도 논란이 두려워서 주저하는 경우가 있잖아요? 선생님은 그런 경험이 없으신지, 어떻게 극복하시는지. 원래 생각이 만족스럽게 표현됐다고 생각하세요?

강준만: 처음부터 만족했다기보단 만족하는 쪽으로 저를 몰아간 거 같아요…. 그런데 저는 글 한번 쓰고 다시 안 봐요. 처음부터 그랬던 것은 아니구요. 이렇게 해서 달라지는 게 얼마나 될까 (싶어서요).

- 정희진: 그럼 선생님은 자신의 글이나 인생에 대한 불만이 별로 없으신 거예요?

강준만: 없죠. 처음부터 없었다기보다는 저를 그렇게 만들어 갔죠.

- 정희진: 제 경우에는 문제제기는 꼭 하고 싶은데 그랬다가 제가 지나치게 회자될까 봐 두려워서 못 내는 글이 있거든요. 소통이 안될까 봐 좌절스럽고… 그런 걸 여쭤본 거예요.

강준만: 저는 그런 주제로는 아예, 논란이 되겠다 싶으면 관심을 안 가지죠.

- 정희진: 글을 쓰다 보면 지치거나 자기 능력에 좌절할 때가 누구나 있잖아요? 선생님은 어떨 때 힘드세요?

강준만: 글쓰기가 힘들 때? (잠시 생각하며) 아, 민주당 분당 때 힘들었어요.

- 정희진: (당황하며) 아니 그런 뜻이 아니라 글쓰기도 권태에 빠지거나 지칠 때가 있지 않습니까?

강준만: (다소 단호하게) 없어요. 중독자가 지치는 거 봤습니까?

- 정희진: 그래도… 25년 넘게 그렇게 많은 글을 쓰셨는데….

강준만: 중독자라니까요. 중독자. 지치면 중독자가 아니죠. 제게 고립은 축복입니다. 제가 서울에 있거나 학문 공동체에 있었다면 할 말 다 못했고 제가 비판했던 사람들과 똑같이 되었을 겁니다. 제게 고립은 선택이고 축복이었어요. (정희진과의 인터뷰, 한겨레, 2014. 12. 12.)

정희진은 글쓰기의 어려움에 대해 대화를 나누고 싶은데 강준만은 세상일 말하기도 바쁜 것이다. 글쓰기는 그리 어렵지 않은 것이다. 글쓰기가 문제가 아니라 살아가는 일이 더 문제이고 어려운 사람이다. 글이 어렵긴 뭐가 어려워, 생각을 그대로 말하면 되는 거지, 말

하는 게 뭐가 어려워, 느끼는 대로 말하면 되지. 글이 어렵고 말이 어려운 것은 이해관계가 복잡하기 때문인 것이다. 그러니 따질 게 많고, 가릴 게 많고, 하지 않아야 될 말이 많은 것이다. 그런 것이 없으면 생각이 어려울 리가 없고 말과 글이 어려울 리가 없다는 것이다.

▌강준만의 글에서 강준만이 제대로 안 보이는 이유

오로지 글만으로 자신의 아성을 구축한 사람이다. 글이 사람을 드러낸다고 하면 강준만은 아주 선명하게 보여야 한다. 실제로는 그렇지 않다. 어떤 인터뷰 기사도 자신의 모습을 그대로 보여주지 않는다고 불만을 털어놓은 적도 있다.

언론과 인터뷰하지 않는 것을 원칙으로 삼고 있다. 여러 이유가 있지만, 가장 큰 이유는 나를 바라보는 언론의 고정된 프레임 때문이다. (…) 나는 인터뷰를 여러 번 해보면서 그 어떤 매체도 내 주장의 내용에 초점을 맞춰 주진 않을 거라는 것을 깨달았다. (…) 그래서 나는 절대 인터뷰를 하지 않기로 결심했다. 해봐야 나만 손해라는 것을 절실히 깨달았기 때문이다. (『노무현과 국민사기극』, 77쪽, 2001년)

자신을 보여주는 데 실패한 것이지 언론 탓을 할 일은 아니다. 강준만이 누구인가를 묻는 질문에 한두 마디로 답하기가 쉽지 않다. 굳이 답하자고 든다면 강준만의 초기 저작을 들어 설명할 수밖에 없다. 첫

작품이 대표작이 된 것은 많이 팔렸기 때문만이 아니라 그 작품이 베스트이기 때문이다. 아직까지는 그 작품을 넘어서는 다른 작품을 찾기 어렵다.

충분히 자기 말로 바꿔 쓸 수 있는 것들도 인용으로 채우고, 더 다듬고 조금 더 비워내면 훨씬 나아질 수 있는 글을 내던지듯 '책'으로 묶어낸다. 그런 것을 지적하면 '난 이대로가 좋아… 난 이대로 충분해, 상관하지 마'라고 반박하는 것은 자기만의 성에서 나오지 않겠다는 고집, 그 이상도 그 이하도 아니다. 사람들이 강준만을 특정 프레임에 가둔 것도 사실이지만 강준만도 자기만의 관성에 사로잡힌 것도 사실이다.

'신화' 아닌, 여전한 '현역'

1

지난 2000년『신동아』기자 조성식은 강준만이 신화가 되고 있다고 썼다. 강준만은 신화가 갖춰야 될 요소를 두루 갖추고 있다. 작업의 양과 질에서 그러하고 그의 홀로 우뚝한 삶의 자세도 그러하다. 그렇지만 '강준만 신화'가 지금도 계속 되고 있다고 할 수는 없다. 최다승 신기록의 전설을 쌓을 수 있는 투수가 최다투구 신기록에 그치고 있는 듯하다. 언젠가부터 강준만을 향한 의미 있는 비판이 사라졌다. '감히' 비판하지 못하기도 하지만 '굳이' 평가할 게 예전 같지 않은 것도 사실이다.

'강준만 신화'가 계속되지 못하는 것은 그의 고립과 무관치 않아 보인다. 고립이 길어지면서 강준만은 '섬'이 되고, '섬'에서 강준만은 '육지'와는 다른 진화의 과정을 겪은 것은 아닐까. 그렇게 보면 한때는 무기였던 고립이 언젠가부터 강준만을 옥죄고 있는지도 모르겠다. 강준만이라는 거인의 어깨에 올라서 보는 세상은 신선했지만 눈이 시원해지는 것은 아니었다.

강준만은 오를수록 깊어지는 산맥이었다. 이쯤이면 절반은 왔겠거니 싶었지만 정상은 더 멀어지곤 했다. 고백하자면 작업을 하는 내내 강준만이라는 태산 언저리에서 헤매는 느낌이었다. 강준만의 그 많은 저작 가운데 무엇을 읽고 무엇을 버릴지 판단하기 쉽지 않았다. 이것을 읽고 나면 저것을 읽어야 했고 저것을 읽고 나면 그 다음 것이 기다리고 있었다. 과감하게 건너뛰려고 했는데 어느 골, 어느 봉우리에 이 거인의 본모습이 숨겨져 있을지 알 수 없으니 건너뛰고 온 곳에 미련이 남았다.

진창 속에서 수레를 뒤에서 밀고 가는 느낌이었다. 아무리 자료를 보고 문장을 다듬어 봐도 강준만이라는 태산 속에 갇혀 있다는 생각을 지울 수가 없었다. 그 느낌은 지금도 여전하고 태산의 정상은 아직도 멀기만 하지만 언제까지 마감을 늦출 수는 없었다. 보고 느낀 만큼만 적으려 했다. 필자가 본 강준만은 이러하다고.

2

강준만은 현역이다. 앞으로도 최전방 소총수 같은 자세로 살아갈 사람이다. 자기 말과 자기 글로 세상과 정면 대결하며 살아온 것처럼 앞으로도 그렇게 살 것이다. 뒷방에서 구시렁거리는 것으로 시간을 보낼 사람이 아니다. 세월이 강준만을 길들이고 있고, 때때로 스스로 세월 앞에 무릎 꿇는 모양새를 보이기도 하지만 '난 여기까지'라고 말한 적 없다. 어떤 경우에도 읽고 쓰는 일을 멈출 사람이 아니다. 그러기엔 그는 뼛속까지 '중독'된 사람이다. 무엇보다 세상에 대한 사랑이 지극한 사람이기 때문이다. 본인도 아직 하고 싶은 말이 많을 테지만, 그에게 답을 구하는 사람들이 여전히 많다. 지난 30여

년 동안 강준만이라는 거장이 구축해놓은 자장磁場 안에서 살아온 사람들이 적지 않기 때문이다.

뿌려놓은 씨가 많은 사람이다. 씨를 뿌린 사람에게 추수까지 책임지라고 할 일은 아니지만 강준만이 이어령에게 말한 것처럼 지식인의 책임은 무한대다. 그런 점에서 진보가 해일처럼 몰려오는 시기에 '진보 전문가' 강준만이 감당해야 할 역할이 아직도 많이 남아 있다는 생각은 필자만의 생각은 아닐 것이다.

집필 작업을 마치고 최종 단계의 원고를 강준만에게 메일로 보냈다. 혹시 사실 관계에서 잘못된 부분이 있으면 당사자의 확인을 통해 바로잡고 싶었다. '진보 반동의 시대'라는 개념에 대해 강준만의 의견도 듣고 싶었다. 메일을 보내고 며칠을 기다렸지만 강준만에게서는 아무런 반응이 없었다.

참고 자료

도서

· 저널룩 인물과 사상 1-33권, 개마고원.

· 강준만, 한국근대사 산책 1-10권, 인물과사상사.

· 강준만, 한국현대사 산책 1-23권, 인물과사상사.

· 강준만, 미국사 산책 1-17권, 인물과사상사.

· 강준만, 김대중 죽이기, 개마고원, 1995.

· 강준만, 김영삼 이데올로기, 개마고원, 1995.

· 강준만, 서울대의 나라, 개마고원, 1996.

· 강준만, 대중문화의 겉과 속 1, 인물과사상사, 1999.

· 강준만, 한국지식인의 주류 콤플렉스, 개마고원, 2000.

· 강준만, 노무현과 국민사기극, 인물과사상사, 2001.

· 강준만, 이문열과 김용옥(상, 하), 인물과사상사, 2001.

· 강준만, 노무현 살리기, 인물과사상사, 2003.

· 강준만, 노무현 죽이기, 인물과사상사, 2003.

· 강준만, 노무현은 배신자인가, 인물과사상사, 2003.

· 강준만, 한국 현대사의 길잡이 리영희, 개마고원, 2004.

· 강준만, 글쓰기의 즐거움, 인물과사상사, 2006.

· 강준만, 지방은 식민지다, 개마고원, 2008.

· 강준만, 입시전쟁 잔혹사, 인물과사상사, 2009.

· 강준만, 대한민국 소통법, 개마고원, 2009.

· 강준만, 현대정치의 겉과 속, 인물과사상사, 2009.

· 강준만, 강남좌파-민주화 이후의 엘리트주의, 인물과사상사, 2011.

· 강준만, 교양 영어 사전 1-2권, 인물과사상사, 2012.

· 강준만, 안철수의 힘, 인물과사상사, 2012.

· 강준만, 증오상업주의, 인물과사상사, 2013.

· 강준만, 갑과 을의 나라, 인물과사상사, 2013.

· 강준만, 싸가지 없는 진보: 진보의 최후 집권 전략, 인물과사상사, 2014.

· 강준만, 정치를 종교로 만든 사람들, 인물과사상사, 2016.

· 강준만 외 3인, 미디어 숲에서 나를 돌아보다, 인물과사상사, 2016.

· 강준만외 1인, 빠순이는 무엇을 갈망하는가, 인물과사상사, 2016.

· 강준만, 손석희 현상, 인물과사상사, 2017.

· 강준만, 약탈정치: 이명박 박근혜 정권 10년의 기록, 인물과사상사, 2017.

· 강준만, 평온의 기술, 인물과사상사, 2018.

· 강준만, 글쓰기가 뭐라고, 인물과사상사, 2018.

· 강준만, 바벨탑 공화국, 인물과사상사, 2019.

· 강준만, 그 순간 그 문장이 떠올랐다, 개마고원, 2019.

· 강준만, 쇼핑은 투표보다 중요하다, 인물과사상사, 2020.

· 강준만, 부동산 약탈국가, 인물과사상사, 2020.

· 강준만, 부족국가 대한민국, 인물과사상사, 2021.

· 강준만, 단독자 김종인의 명암, THE인물과사상1, 인물과사상사, 2021.

· 강준만, 발칙한 이준석, THE인물과사상2, 인물과사상사, 2021.

· 강준만, 정치전쟁, 인물과사상사, 2022.

· 강준만, 엄마도 페미야?, 인물과사상사, 2022.

· 강준만, 정치적 올바름, 인물과사상사, 2022.

· 강준만, 정치무당 김어준, 인물과사상사, 2023.

· 강준만, MBC의 흑역사, 인물과사상사, 2023.

· 김도인, 언론노조의 MBC 장악기록 '적폐몰이, 공영방송을 무너뜨리다', 프리뷰, 2019.

· 김민웅 외 9인, 조선일보를 아십니까, 개마고원, 1999.

· 박성제, MBC를 날리면, 창비, 2023.

· 심석태, 불편한 언론, 나녹, 2023.

· 유시민, 노무현은 왜 조선일보와 싸우는가, 개마고원, 2002.

· 최장집, 민주화 이후의 민주주의, 후마니타스, 2010.

· 한윤형, 안티조선운동사, 텍스트, 2010.

논문

· 강준만, 피에르 부르디외 왜 중요한가, 한국언론정보학보, 1995.

· 강준만, 이론은 진보, 실천은 수구: 서울대교수 송호근의 이중성, 열린전북, 2001년 9월호.

· 강준만, 서울 소재 대학교수와 지방대학교수, 열린전북 7권, 2002.

· 강준만, 조희연: 민중의 분노, 위협이 대안인가, 월간 인물과사상, 2007년 5월호.

· 강준만, 한국 포퓰리즘 소통의 구조: '정치 엘리트 혐오의 문화정치학, 한국소통학보 17권, 2012.

· 강준만, 왜 자꾸 "당신 80년대에 뭐 했어?"라고 묻는가 -'운동권 체질'이 진보를 죽이는 이유, 월간 인물과사상, 2016년 (통권216).

· 강준만, 왜 보수와 진보는 각기 다른 도덕시스템을 갖고 있나?, 월간 인물과사상, 2017년(통권234).

· 강준만, 글쓰기가 어려운 사람을 위한 10계명(2), 월간 인물과사상, 2018년 9월(통권245).

· 강준만, 왜 대중은 반지성주의에 매료되는가?: 설득 커뮤니케에션의 관점에서 본 반지성주의, 정치-정보연구, 22권, 2019.

· 강준만, 언론학에서의 이상주의와 현실주의: 월터 리프먼의 삶과 사상에 대한 재해석, 커뮤니케이션 이론, 13권 4호.

· 강준만, 왜 저널리즘이 민주주의를 결정하는가: 월터 리프먼, 월간 인물과사상(통권219).

· 강준만, 사울 알린스키의 커뮤니케이션 전략: 한국 정치의 소통을 위한 적용, 정치-정보연구, 19권 1호.

· 강준만, '정치적 올바름'의 소통을 위하여: 자유·위선·계급의 3대 쟁점을 중심으로, 사회과학연구 57권 2집, 2018.

· 강준만·전상민, 모든 기업은 미디어 기업이다: 브랜드 저널리즘이 강요하는 언론개혁의 전망, 커뮤니케이션 이론, 15권 1호, 2019.

· 강준만, 지방이 지방을 죽이다: 수도권 집중과 지방소멸, 창작과비평, 2020 겨울호.

· 강원택, 한국의 이념 갈등과 진보-보수의 경계, 한국정당학회보, 제4권 제2호.

· 고재석, 미디어권력과 지식인의 상징투쟁: 강준만의 경우(1989-2005), 연세대학교 석사논문, 2015.

· 고재석, 미디어 권력에 균열내기: 강준만의 상징투쟁(1989-2005)에 대한 사회학적 해석, 지

역과 세계, 제45집 1호.

· 권주리예, 선상반란을 바라보는 승객의 심경: 강준만의 '문학권력'에 부쳐, 독립영화, 11권.

· 김상철, 정치적 행위로서의 '비판' 연구: 강준만의 저술 활동을 중심으로, 중앙대학교 석사논 문, 2002.

· 김태근·이영란, 한국에서 진보/보수 논쟁과 사회 갈등의 상관관계, 대한정치학회보 31집 4호.

· 박주현, 강준만과 진중권의 현실참여와 사회 작용, 지역과 커뮤니케이션, 25권 3호, 2021.

· 심광현, 조선일보 문제와 '강준만 현상': 반성과 전망, 문화과학, 23권.

· 이수강, 강준만의 도전과 실험, 어떻게 볼 것인가, 현대사상, 1998년 여름호.

· 이재호, 정치 성향에 따른 도덕 판단 기준의 차이, 서강대학교 석사학위논문, 2014년 2월.

· 장상철, '민주화' 이후 한국 정치와 민주주의, 사회와 이론, 41권, 2022년 3월.

· 장은주, 한국 진보적 자유주의 전통의 민주적-공화적 재구성, 사회와 철학, 제23집.

· 채백, 강준만의 〈인물과 사상〉에 대한 몇 가지 생각, 저널리즘 비평, 24권, 1998.

· 홍윤기, 민주적 공론장에서의 담론적 실천으로서 '진보-보수-관계'의 작동과 그 한국적 상황, 사회와 철학, 2002.

· 홍윤기, 〈당대비평〉에 못 실린 〈당대비평〉 창간 기념 논문 또는 '원고망명'에 대하여, 월간 인물과사상, 2010년 10월호.

· 황진태, 강준만의 '조희연: 민중의 분노, 위협이 대안인가'를 읽고, 월간 인물과사상, 2007년 6 월호.

어떤 어른

그 사람, 성찰하는 꼰대

**"꼰대와 어른 사이의
아름다운 떨림,
13인의 고백록을 만나다"**

윤춘호 지음 | 변형국판 | 308쪽 | 16,000원

세대 갈등이 팩트인 양 당연하게 여겨지는 세상이지만,
청년들에게 어른이 안 보이게 된 건 어른에게도 청년에게도 비극이다.
'어른'이라 쓰고 '꼰대'라고 읽는 시대에 '어떤 어른' 13인의 인터뷰가
펼쳐 보이는 성찰적 인생 드라마.

최백호	내 인생의 클라이맥스는 아직 오지 않았다
오한숙희	마이너리티 감수성으로 보는 세상
김성구	"지금이 인생의 밑바닥" …금수저의 남다른 실패
김 훈	삐딱한 수컷, 목놓아 울다
김미숙	'용균이 엄마'를 넘어 '노동운동가 김미숙'으로
강우일	"못 짖는 개는 쓸모없다"
박 승	남을 위해 산 시간이 짧았다는 '국민 경제교사'
윤정숙	나를 살린 여성·시민운동 35년
이왕준	바벨탑 쌓는 '청년의사'에게 던지는 질문
김판수	굴곡진 현대사의 상처를 끌어안은 '키다리 아저씨'
강 헌	실패 중독의 운명을 조율하다
송 해	전국~~~ 국민 의전서열 1위
현택환	넘치지만 지나치지 않는 성실과 자신감

강준만의 투쟁

진보반동의 시대에 맞서다

2024년 6월 22일 초판 1쇄

지은이　윤춘호
펴낸이　장의덕
펴낸곳　도서출판 개마고원
등록　1989년 9월 4일 제2-877호
주소　강원도 원주시 로아노크로 15, 105동 604호. (우 26382)
전화　033-747-1012
팩스　0303-3445-1044
이메일　webmaster@kaema.co.kr

ISBN 978-89-5769-500-5 03300

· 책값은 뒤표지에 표기되어 있습니다.
· 파본은 구입하신 서점에서 교환해 드립니다.